Kochen auf Indisch—Linsen Und Andere Hülsenfrüchte

Prasenjeet Kumar

Published by Cooking In A Jiffy, 2020.

KOCHEN AUF INDISCH—LINSEN UND ANDERE HÜLSENFRÜCHTE

First edition. July 2, 2020.

Written by Prasenjeet Kumar.

Inhaltsverzeichnis

Haftungsausschlüsse und weitere Informationen

Obwohl der Autor alle Anstrengungen unternommen hat, um sicherzustellen, dass die Informationen in diesem Buch zum Zeitpunkt der Drucklegung korrekt waren, übernimmt er keine Haftung gegenüber Dritten und schließt diese für jeglichen Verlust, Schaden oder Beeinträchtigungen, die durch Irrtümer oder Auslassungen, unabhängig davon, ob sie auf Fahrlässigkeit, Zufall oder andere Gründe zurückzuführen sind, aus.

Dieses Buch kann den medizinischen Rat eines Arztes nicht ersetzen. Der Leser sollte sich regelmäßig auf seinen Gesundheitszustand insbesondere hinsichtlich jeglicher Symptome, die eine Diagnose oder eine ärztliche Behandlung verlangen, untersuchen lassen.

Dieses Buch setzt ebenso voraus, dass der Leser nicht unter Lebensmittelallergien oder ähnlichen Krankheiten leidet. Rezepte mit Zutaten, die bekannterweise unerwünschte Wirkungen beim Leser bzw. in der Familie oder im Freundeskreis auslösen, sollten übersprungen werden.

Widmung

Ich widme dieses Buch meiner lieben Mutter, die die eigentliche Erfinderin all dieser Rezepte ist. Es ist einfach erstaunlich, wie sie als berufstätige Mutter (sie ist eigentlich eine indische Verwaltungsbeamtin in leitender Position) nicht nur zum Kochen, sondern auch zum Experimentieren mit Nahrungsmitteln Zeit findet.

Beim Experimentieren mit Kochrezepten erhielt sie die volle Unterstützung durch meinen Vater und mich.

Die meisten Väter überlassen das Kochen ihren Frauen, während sie fernsehen oder Golf spielen gehen. Wie auch immer, ich habe meinen Vater oft dabei beobachtet, wie er meiner Mutter in der Küche ohne Zögern zur Hand ging.

Unser Hauptziel war das Kochen von Mahlzeiten, die innerhalb von 30 Minuten fertig waren. Es war erstaunlich, wie oft wir in dieser Hinsicht erfolgreich waren.

Aus diesem Grund widme ich dieses Buch auch meinem Vater, der immer noch Tipps für den Schwerpunkt meiner Bücher parat hält und manchmal auch Verbesserungsvorschläge macht.

„Ein kluger Mann handelt immer mit Vernunft und bereitet seine Linsen selbst zu."

Zeno, der oströmische Kaiser

I: Hülsenfrüchte: Warum Hülsenfrüchte?

OKAY, WÄREN SIE im 2. Jahrhundert v. Chr. Seefahrer gewesen und hätten nicht gewusst, wann Sie das nächste Dock oder den nächsten Hafen erreichen, wären Getreide und Hülsenfrüchte sicherlich die einzige Option gewesen.

Sie hätten natürlich frisches Obst und Gemüse und sogar Fleisch mitnehmen können, wenn Sie in See stechen. Bei einem Transport ohne Kühlung hätten Sie dieses jedoch innerhalb von 3-5 Tagen aufbrauchen müssen.

Und schon wären wir wieder bei den Hülsenfrüchten.

Sie hätten Fische angeln können, aber es gab keine Garantie, dass Sie pünktlich zum Mittag- oder Abendessen etwas fangen würden.

Also waren es wieder die Hülsenfrüchte, die Ihren ***** gerettet hätten.

Sie waren so sehr beliebt, dass die Römer ihre Kaiser nach den gängigsten Hülsenfrüchten benannten: Lentulus (Linse), Fabius (Fava), Pisto (Erbse) und Cicero (Kichererbse).

Im antiken Rom wurde eine Ernährung mit Hülsenfrüchten für ein maßvolles Gemüt für notwendig gehalten (schrieb Pliny). Die alten Römer assoziierten Hülsenfrüchte mit weisen Tugenden.

Aber das war damals.

Warum sollte man heutzutage Hülsenfrüchte essen, wenn niemand, der sich von nicht-vegetarischer Kost ernährt, über einen Mangel an Proteinen nachdenken muss? Fisch, Lamm, Hühnchen, Pute, Schweinefleisch, Eier... sind bekannt als Lebensmittel mit hohem Eiweißgehalt.

Als Vegetarier oder Veganer im Westen hört man sehr oft die Frage:

„Bekommst du auch genug Proteine, wenn du dich nur von Suppen und Salat ernährst?"

Wahrscheinlich gefällt Ihnen der falsche fürsorgliche Ton nicht, der diese Frage normalerweise begleitet.

Aber seien wir ehrlich, diese Frage ist nicht ganz unberechtigt.

Suppen und Salate dürften für Ihren Eiweißbedarf nicht ausreichen, obwohl es natürlich darauf ankommt, welche Zutaten Sie für Ihre Suppe oder Ihren Salat verwenden.

Also was kann ein Vegetarier bzw. ein Veganer tun, um einen Eiweißmangel zu vermeiden?

Eine leichtfertige Antwort wäre: „Greifen Sie auf Eiweiß-Shakes oder Protein-Ergänzungsmittel zurück!"

Aber, wie ich schon in meinem Buch „Healthy Cooking In A Jiffy" erörtert hatte, gibt es diese in derart verwirrenden Formen, dass Sie Ihrem Körper ohne fachkundige Anleitung mehr schaden als nutzen können. Die fürchterlichen Nebenwirkungen reichen von Gemütsschwankungen bis hin zu Gicht und Nierensteinen.

Auf welche natürlichen vegetarischen Eiweißquellen können Sie nun zugreifen?

Sofort denkt man an Tofu und Nüsse. Diese würdigen Optionen sind reich an Proteinen und eignen sich für Vegetarier. Das kann aber doch nicht alles sein, oder?

Falls Sie eine knappe Antwort möchten, hier ist sie:

Linsen und andere Hülsenfrüchte.

Ja, Sie haben richtig gelesen.

Im Altertum betrachtete man Hülsenfrüchte als „das Fleisch des armen Mannes". Heute, dank Forschung und kompetenter Institutionen wie der Mayo-Klinik, wissen wir, dass Hülsenfrüchte nicht nur eiweißreich sind, sondern sogar im Vergleich zum Fleisch aufgrund des höheren Ballaststoffgehalts und des geringeren Fettanteils besser abschneiden.

Erwachsene benötigen im Durchschnitt 10 bis 35 % ihrer täglichen Kalorienzufuhr aus Proteinen. Das kommt ungefähr 50-175 Gramm Eiweiß am Tag basierend auf einer Zufuhr von 2000 Kalorien (lt. Mayo-Klinik) gleich.

Gemäß der Nationalen Nährstoff-Datenbank für normale Verweisung des Landwirtschaftsministeriums der Vereinigten Staaten enthält eine Tasse Linsen mehr als 17 Gramm Eiweiß. Mit ein bisschen kluger Umsetzung und der richtigen Mischung sollte es möglich sein, den Tagesbedarf an Protein mit Linsen, anderen Hülsenfrüchten und Milchprodukten zu decken.

Fleischesser hingegen werden nun darauf hinweisen, dass Linsen nicht alle neun essentiellen Aminosäuren beinhalten und daher nicht als vollständiger Eiweißlieferant bezeichnet werden können. Tatsächlich fehlen ihnen die Aminosäuren Methionin und Cystin.

Die gute Nachricht ist dagegen, dass Sie durch den Verzehr von gekochten Linsen zusammen mit einem zusätzlichen Getreide, wie z. B. Reis, problemlos mit allen neun Aminosäuren versorgt werden können.

Es ist also kein Wunder, dass die indische Küche ohne *Chawal, Dal Aur Roti* oder Reis bzw. Linsen-Curry und indischem Brot als unvollständig angesehen wird. Wahrscheinlich hat die indische Küche deshalb verglichen mit jeder anderen auf unserem Planeten Erde eine derart lange Tradition bezüglich der Verwendung von Hülsenfrüchten in zahlreichen Variationen.

Mir ist nun klar, wie die alten Inder inmitten einer Bevölkerung, die meistens gezwungen war, vegetarisch zu leben, mit dem Problem der Eiweiß-Unterversorgung umgingen. Die Kunst bestand darin, mindestens zwei Mahlzeiten am Tage eine Tasse Linsen-Curry (in Indien als *Dal* bekannt) beizufügen, dem Mittagessen und dem Abendbrot.

In Süd-Indien war dies sogar bei drei Mahlzeiten am Tage möglich!

Weitere gesundheitliche Vorteile von Hülsenfrüchten, die als „Gesündestes Lebensmittel auf der Welt" angesehen werden

Hülsenfrüchte sind reich an Ballaststoffen: Falls Sie unter Verstopfung leiden, müssen Sie keine Tabletten dagegen einnehmen oder sogar eklige Ergänzungsmittel mit Faserstoffen zu sich nehmen. Versuchen Sie es lieber mit Hülsenfrüchten. Es wurde festgestellt, dass Hülsenfrüchte über einen hohen Anteil an löslichen und unlöslichen Ballaststoffen verfügen. Sie erhöhen nicht nur die Stuhlmasse, sondern reduzieren auch die Beschwerden des gefürchteten Reizdarm-Syndroms.

Hülsenfrüchte sind gut für ein gesundes Herz: Es wurde festgestellt, dass Personenkreise, die regelmäßig Hülsenfrüchte als Teil ihrer Ernährung zu sich nehmen, zu 82 % weniger unter Herz-Kreislauferkrankungen leiden als andere, die das nicht tun. Linsen z. B. verfügen über einen erheblichen Anteil von Folat und Magnesium. Diese beiden Mineralstoffe können für Ihre Gesundheit wahre Wunder bewirken. Magnesium wird als „Der Kanalblocker der Natur" angesehen. Das bedeutet, dass Ihre Arterien und Venen erleichtert aufatmen können, denn dieses Mineral verbessert den Fluss von Blut, Sauerstoff und anderen Nährstoffen durch Ihren Körper.

Hülsenfrüchte liefern das für die Energie benötigte Eisen: Hülsenfrüchte haben einen hohen Eisenanteil. Eisen ist ein fester Bestandteil des Hämoglobins, das für den Transport des Sauerstoffs von den Lungen in alle Zellen des Körpers verantwortlich ist. Kein Wunder, dass heutzutage

Schwangeren mit dem Risiko eines Eisenmangels wie auch heranwachsenden Kindern und Jugendlichen mit einem erhöhten Eisenbedarf der Verzehr von Hülsenfrüchten empfohlen wird.

Hülsenfrüchte sind cholesterinarm: Hülsenfrüchte werden rotem Fleisch (eine weitere gute Eisenquelle) vorgezogen, da sie im Gegensatz dazu fett-, kalorien- und cholesterinarm sind. Sie verfügen außerdem über einen geringeren Anteil an Oxalsäure und ähnlichen Chemikalien, die Nierensteine und Gicht, ein schmerzhaftes Gelenkleiden, das durch Kristallablagerungen entsteht, verursachen können.

Habe ich nun genügend Gründe für die Integration von Hülsenfrüchten auf Ihren Speisezettel genannt?

II: Einige interessante Fakten über Hülsenfrüchte, die Sie vielleicht noch nicht kennen

HÜLSENFRÜCHTE WÄREN im modernen 20. Jahrhunderts Amerikas mit der problemlosen Verfügbarkeit von rotem Fleisch und der Zunahme von Fast Food-Ketten beinahe vergessen worden.

Betrachten wir die Vergangenheit, scheinen Hülsenfrüchte, beginnend mit der Landwirtschaft in der Jungsteinzeit, jahrtausendelang kultiviert und konsumiert worden zu sein.

Archäologen haben in den Ruinen frühgeschichtlicher Bauerndörfer aus der Zeit 7000 v. Chr. in der heutigen Türkei, in Syrien, im Irak und im Iran Überreste von Linsen gefunden.

Linsen wurden in heiligen Schriften wie der Bibel, dem Koran und den Veden erwähnt. In einer biblischen Erzählung waren Linsen für den ausgehungerten Esau ein Geschenk des Himmels.

Nach dem Koran waren Hülsenfrüchte unerlässlich für die Ernährung der christlichen Gemeinde in Ägypten.

In vielen katholischen Ländern werden Linsen während der Fastenzeit (Lent) vor Ostern konsumiert. Wahrscheinlich stammt der Name „Lent" von dem lateinischen Wort „lens" mit der Bedeutung „Linse" ab.

Die Veden berichten über die Domestizierung von Rindern sowie den Anbau von Gerste, Reis und Hülsenfrüchten.

Linsen wurden in Grabstätten und in den unterirdischen Kammern ägyptischer Pyramiden gefunden. Ägypten ist als führender Anbieter von Linsen in der Antike bekannt.

Der historische römische Schriftsteller Pliny berichtete, dass ein Schiff die Ufer des Nils mit Ziel Italien verließ. In seinem Laderaum befanden sich 2,8 Millionen Pfund Linsen.

In der Antike hörten die Griechen auf, Linsen zu essen, wenn sie Wohlstand und einen hohen Status erlangt hatten. „Nun, da er reich ist, wird er keine Linsen mehr essen; vorher, als er arm war, aß er, was er kriegen konnte", schrieb einst Aristophanes.

Eine sehr interessante Tatsache ist, dass Linsen nicht immer über ein gutes Image verfügten. Sie sind für das Entstehen von Blähungen und manchmal sogar von Magenbeschwerden bekannt. Daher sah man Linsen im mittelalterlichen Europa als „Bringer von Albträumen und entzündeten Mägen“ an.

(**Mit freundlicher Genehmigung von:** Joel Denker[1])

1. http://www.foodpassages.com/jottings-by-joel/intowner-columns/the-poor-mans-meat/

III: Die lange Tradition indischer Gerichte mit Hülsenfrüchten

NUN, DA SIE davon überzeugt sind, dass Hülsenfrüchte gut für Sie sind und Sie diese in Ihre Ernährung integrieren möchten, fragen Sie sich, wie Sie es anstellen können.

Nach umfangreicher Recherche wurde mir klar, dass die meisten Menschen aus den westlichen Ländern Hülsenfrüchte vorwiegend für Suppen verwenden.

Bitte vergeben Sie mir, sollte ich mich herablassend anhören!

Dieses Verhalten resultiert wahrscheinlich aus der schlechten Meinung über Hülsenfrüchte im 19. Jahrhundert. Sie galten allgemein als nährstoffarm und wurden als das Essen der Armen bezeichnet. Verwendung fanden sie daher lediglich in Suppen, Pürees, auf Toast und in anderen belanglosen Gerichten, wie die Schriftstellerin Ella Kellog einst feststellte.

Allenfalls einige wenige Bücher empfehlen gebratene Linsen mit Käse, als Belag für Hamburger, als Beilage zu Würstchen, in Aufläufen oder Linsen-Eintöpfen.

Dann gibt es noch das berühmte Studentengericht „Gebackene Bohnen" (direkt aus der Dose) und die westasiatische Hummus-„Soße", ohne die kein libanesisches oder palästinisches Mahl als komplett bezeichnet wird.

Ich gebe zu, es ist nichts gegen diese Art des Konsums von Hülsenfrüchten einzuwenden.

Falls Sie aber experimentieren und sich auf das Abenteuer einer kulinarischen Achterbahnfahrt einlassen möchten, dann sollten Sie sich die indische Küche vielleicht näher ansehen.

Falls Sie Inder/-in sind, benötigen Sie keine Einführung zu diesem Thema.

Denn die indische Bevölkerung scheint Rezepte mit Hülsenfrüchten als Grundzutat über hunderte oder vielleicht sogar tausende von Jahren überarbeitet bzw. weiterentwickelt zu haben. In Indien ist die Vielfalt an Rezepten mit Hülsenfrüchten atemberaubend und zuweilen sogar verwirrend.

Hier einige andere Verwendungsmöglichkeiten (als in Suppen oder Currys) für Hülsenfrüchte in indischen Gerichten.

Hülsenfrüchte mit Reis. Ja, es gibt viele Speisen, die so zubereitet werden.

Die Rezepte beinhalten Erbsen-*Pulao* (oder pfannengerührten Reis mit Erbsen), *Khichdi* (ein sehr verbreitetes Gericht, das während verschiedener Hindu-Feierlichkeiten serviert wird), *Khichdi*s südindische Variation *Pongal* oder *Bisti Bele Bhath* sowie seine süße Version Süßes *Pongal* und zuletzt noch eine Variante, die in ganz Südindien vorkommt, die *Dosas* (Reis- und Linsenpfannkuchen) und *Idlis* (gedämpfter Reis und Linsenkuchen).

Hülsenfrüchte in Snacks und Beilagen: Sie haben vielleicht von den indischen Snacks mit Namen *Pakoras, Khundvi, Dhokhla, Vadas, Madhur Vadas* und *Dahi Vadas* gehört.

Hier handelt es sich um verschiedene Sorten gebratener oder gedämpfter Klöße und Beignets mit süßem oder pikantem Geschmack und Linsen als Hauptzutat.

Hülsenfrüchte Kebabs: Dies scheint eine recht neue Innovation zu sein. Falls Sie Vegetarier sind und vielleicht noch nie Kebabs probiert haben, die Ihre fleischessenden Freunde mit solch einer offensichtlichen Freude genießen, machen Sie sich nichts daraus, ich habe eine Lösung.

Versuchen Sie diese exotischen Linsen-Kebabs. Glauben Sie mir, auch Nicht-Vegetariern werden diese Gerichte köstlich schmecken. Manche der Rezepte sind sogar so gut, dass Ihre fleischkonsumierenden Freunde nicht den Unterschied zwischen einem Fleisch-Kebab und seinem Doppelgänger aus Linsen, dem *Hara Bhara Kebab,* ausmachen können.

Hülsenfrüchte als Brotfüllung: Vielleicht haben Sie auch schon vom beliebten indischen *Paratha* gehört. Diese ausgebackenen Brote gibt es in verschiedenen Größen und Formen und sie variieren leicht von Region zu Region. Man kann sie mit allen möglichen Sachen, wie Kartoffeln oder Blumenkohl, füllen. Im ostindischen Bundesstaat Bihar werden diese *Parathas* hingegen traditionell mit Erbsen oder geröstetem Kichererbsenmehl (auch bekannt als *Sattu*) oder gespaltenen Kichererbsen (*Chana Dal*) gefüllt.

Man sagt, dass ohne *Sattu* oder geröstetem Kichererbsenmehl als Proviant die buddhistischen Mönche aus Bihar auf ihren langen und beschwerlichen Reisen zu solch weit entfernten

Orten wie Afghanistan und Tibet und bis nach Korea den Buddhismus nicht hätten verbreiten könnten.

Hülsenfrüchte als Dessert: Igitt! Das könnte Ihre erste Reaktion sein. Wie kann jemand ernsthaft darüber nachdenken, Hülsenfrüchte zum Nachtisch zu verzehren? Immerhin werden sie als grob und geschmacklos bezeichnet.

Die indische Küche wird Sie eines Besseren belehren.

Probieren Sie einfach *Besan* (Kichererbsenmehl) oder *Moong Dal* (Bengal Gram) *Halwa* und die beliebten *Motichooder Laddoos,* und Sie wissen, worüber ich rede.

Habe ich Sie immer noch nicht von der langen Tradition der indischen Gerichte mit Hülsenfrüchten überzeugt?

Dann durchstöbern Sie doch einige der Rezepte auf den folgenden Seiten und entdecken Sie selbst.

Kapitel 1: Das indische Dal

ALS SUPPE ODER Currygericht werden *Dals* in fast jedem indischen Haushalt verzehrt.

Vir Sanghvi[1], der bekannte indische Kolumnist und Gourmet, sagte: *„Dals sind die großen Einiger Indiens"*.

Dals werden auf so viele Arten gewürzt und gemischt, wie es in Indien Regionen und Sprachen gibt. Doch diese Quelle exzellenten pflanzlichen Proteins sollte täglich auf keinem indischen Teller fehlen.

Vir Sanghvi erklärt: „Wenn Sie mit Ausländern über indische Lebensmittel sprechen, werden Sie mit allen möglichen Arten von Missverständnissen über die wesentlichen Bestandteile der indischen Küche konfrontiert. Als ich im Ausland studierte, wurde ich immer gefragt: ‚Vermisst du Currygerichte?' Heutzutage würde die Frage wahrscheinlich lauten: ‚Lust auf ein bisschen Tandoori-Hühnchen, hä?'"

Tatsächlich habe ich nie einen Inder getroffen, der bei seiner Küche an Tandoori-Hühnchen, ein Restaurant-Gericht, das wir sehr selten zu Hause essen, denkt. Auch kenne ich nicht viele Inder, die fern der Heimat nachts wach liegen und sich nach Rogan josh, Chicken shahi koderma oder einem anderen Curry-Gericht sehnen.

Was wir wirklich vermissen, ist für einen Ausländer kaum zu verstehen.

---

1. http://www.virsanghvi.com/Article-Details.aspx?key=586

Wir vermissen Dal.

Ich kenne erwachsene Männer, die während eines längeren Auslandsaufenthaltes Gelüste nach Dal bekommen. An der Universität kannte ich Studenten, die den Geschmack von selbstgekochtem Dal vermissten. Auch wenn Sie heutzutage die meisten Inder nach ihrem Lieblingsgericht (wie von Muttern) befragen, hat die Antwort immer etwas mit Dal zu tun."

Das trifft den Nagel auf den Kopf und ich kann dem nur zustimmen. Diese Gedanken hatte auch ich während meines vierjährigen Studiums in London.

Aber seien Sie gewarnt, für die Zubereitung der meisten *Dals* benötigen Sie einen Schnellkochtopf, wenn sie im Handumdrehen verzehrfertig sein sollen.

Sollten Sie allerdings keinen Schnellkochtopf besitzen, kann man *Dals* auch in einem hohen Kochtopf zubereiten.

Auf diese Art werden Hülsenfrüchte noch in den meisten ländlichen Gegenden Indiens und in den Restaurants am Wegesrand gekocht. Die Garzeit ist natürlich viel, viel länger.

Sie müssen lediglich etwas mehr Wasser zugeben, als für die unten angeführten Rezepte unter Verwendung eines Schnellkochtopfs vorgeschlagen wurde.

Außerdem müssen Sie die *Dals* während des Kochvorgangs ab und zu kontrollieren, um zu sehen, ob sie weich und nach Ihrem Geschmack sind.

Das Garen der *Dals* in Schongarern ist ebenfalls möglich. Viele sagen, dass diese Art der Zubereitung die schmackhaftesten *Dals* hervorbringt.

Ob Schnellkochtopf, Kochtopf oder Schongarer, was auch immer die Waffe Ihrer Wahl sein wird, mit den nachfolgenden Rezepten kann nicht viel schiefgehen.

Tipp: Das Einweichen der *Dals* über Nacht verringert die Garzeit.

Vor diesem Hintergrund werde ich nun unter Verwendung von *Arhar/Toor Dal* (gespaltene Straucherbsen), *Chana Dal* (gespaltene Kichererbsen), *Masooder Dal* (rote Linsen), *Moong Dal* (gespaltene Bengal Gram-Kichererbsen), *Urad Dal* (gespaltene schwarze Linsen), *Mattar* (grüne Erbsen), *Chhola* (ganze Kichererbsen), Soja-Granulat und *Rajma* (rote Kidneybohnen) die zwanzig beliebtesten „hausgemachten" *Dal-* (und Curry-) Rezepte präsentieren.

Arhar Dal (Gespaltene Straucherbsen)

Zutaten:

Arhar/Toor (gespaltene Straucherbsen) *Dal* - 1/2 kleine Tasse

Wasser - 4 kleine Tassen (Größe, s. o.)

Kurkuma- (*Haldi*) Pulver - 1/2 Teelöffel

Salz - 1/2 Teelöffel nach Geschmack

Tomaten - 1

Kreuzkümmel- (*Jeera*) Samen - 1/2 Teelöffel

Ghee (Butterschmalz) - 1 Teelöffel

Frischer Koriander- (*Dhania*) Blätter (optional)

Zubereitung:

Die *Arhar* (gespaltene Straucherbsen) 3 - 4 Mal gründlich in einem Gefäß waschen und zusammen mit dem Wasser, *Haldi*, Salz und den gewürfelten Tomaten in einen Schnellkochtopf geben.

Den Deckel mit Gewicht fest verschließen, den Topf auf den Herd stellen und einen hohen Druck entstehen lassen (der Ventilstift hebt sich und es entsteht ein pfeifender Ton).

Danach reduzieren Sie die Hitze auf ein Minimum (kleinste Flamme auf dem Gasherd) und lassen den Inhalt weitere 5 Minuten köcheln.

Dann schalten Sie den Herd aus, damit der Kocher abkühlen kann.

Geben Sie das Butterschmalz in eine Pfanne und lassen Sie es schmelzen.

Den Kreuzkümmel zugeben und sautieren. Bitte achten Sie darauf, dass der Kümmel nur braun wird und nicht anbrennt.

Die Masse zum *Dal* geben.

Ihr einfaches *Arhar Dal* ist fertig.

Falls gewünscht, können Sie einige gehackte frische Korianderblätter hinzugeben.

Vorbereitungszeit: 5 Minuten für das Waschen und die Bereitstellung der Zutaten

Garzeit: 12 Minuten im Schnellkochtopf

Gesamtdauer: 17 Minuten

Arhar Dal (Variante mit Rai, Zwiebeln, Knoblauch und Curryblättern)

Die westindischen Staaten Gujarat und Maharashtra bevorzugen ihr *Arhar/Toor Dal* in einer schmackhaften Variante. Anstelle von Kreuzkümmel und Korianderblättern würzen sie es mit schwarzen Senfkörnern (*Rai*) und Curryblättern. Probieren Sie es aus!

Zutaten:

Arhar/Toor (gespaltene Straucherbsen) *Dal* - 1/2 kleine Tasse

Wasser - 4 kleine Tassen (Größe, s. o.)

Kurkuma- (*Haldi*) Pulver - 1/2 Teelöffel

Salz - 1/2 Teelöffel nach Geschmack

Tomaten - 2

Zwiebeln - 1

Knoblauch - 4 Zehen

Rai (schwarze ganze Senfkörner) - 1/2 Teelöffel

Curryblätter - ein paar

Ghee (Butterschmalz) - 2 Teelöffel

Zubereitung:

Die *Arhar* (gespaltene Straucherbsen) waschen und zusammen mit dem Wasser, *Haldi*, Salz, gewürfelten Tomaten, Zwiebeln und Knoblauch in einen Schnellkochtopf geben.

Den Deckel mit Gewicht fest verschließen, den Topf auf den Herd stellen und einen hohen Druck entstehen lassen (der Ventilstift hebt sich und es entsteht ein pfeifender Ton).

Danach reduzieren Sie die Hitze auf ein Minimum (kleinste Flamme auf dem Gasherd) und lassen den Inhalt weitere 5 Minuten köcheln.

Dann schalten Sie den Herd aus, damit der Kocher abkühlen kann.

Geben Sie das Butterschmalz in eine Pfanne und lassen Sie es schmelzen.

Die hinzugefügten schwarzen Senfkörner im heißen *Ghee* sautieren und danach die Curryblätter zugeben.

Die Senfkörner bitte nicht anbrennen lassen.

Die Masse zum *Dal* geben.

Ihre einfache *Arhar Dal-Variante* ist fertig.

Vorbereitungszeit: 5 Minuten für das Waschen und die Bereitstellung der Zutaten

Garzeit: 12 Minuten beim Garen im Schnellkochtopf

Gesamtdauer: 17 Minuten

Chana Dal (gespaltene Kichererbsen)

Dies ist eines der seltenen *Dals*, die mit *Garam Masala* (Mischung gängiger indischer Gewürze) zubereitet werden. Es passt dadurch gut zu *Pulao* (Reisgericht) oder auch zu Fleischgerichten, die mit *Garam Masala* verfeinert wurden.

Zutaten:

Chana Dal (gespaltene Kichererbsen) - 1/2 Tasse

Wasser - 4 Tassen (Größe, s. o.)

Kurkuma- (*Haldi*) Pulver - 1/2 Teelöffel

Salz - 1/2 Teelöffel nach Geschmack

Tomaten - 2

Zwiebeln - 1

Knoblauch - 2 Zehen

Ingwer - 2-3 cm

Kreuzkümmelsamen (*Jeera*) - 1/2 Teelöffel

Garam Masala (Mischung gängiger indischer Gewürze) - zerstoßen - 1/2 Teelöffel

Tipp: Falls Sie im indischen Laden keine fertige G*aram Masala*-Mischung bekommen, können Sie sie leicht selbst herstellen. Dazu zerstoßen Sie schwarzen Kardamom - 1

Kapsel, grünen Kardamom - 3 Kapseln, 4 Nelken sowie ein Stück Zimtstange (2-3 cm) und mischen alles zusammen.

Ghee (Butterschmalz) - 2 Teelöffel

Zubereitung:

Das *Chana Dal* waschen.

Stellen Sie den Schnellkochtopf auf Ihren Herd und geben Sie das *Ghee* (Butterschmalz) hinein.

Lassen Sie den Kreuzkümmelsamen im erhitzten Butterschmalz braun werden.

Fügen Sie die gehackte Zwiebel, Knoblauch und Ingwer hinzu.

2 Minuten anschwitzen lassen.

Gewürfelte Tomaten hinzugeben und 1 weitere Minute dünsten.

Das *Dal*, Kurkuma, Salz, Wasser und G*aram Masala* zugeben.

Den Deckel fest verschließen, den Topf auf den Herd stellen und einen hohen Druck entstehen lassen (der Ventilstift hebt sich und es entsteht ein pfeifender Ton).

Danach reduzieren Sie die Hitze auf ein Minimum (kleinste Flamme auf dem Gasherd) und lassen den Inhalt weitere 10 Minuten köcheln.

Dann schalten Sie den Herd aus, damit der Kocher abkühlen kann.

Ihr einfaches *Chana Dal* ist fertig.

Vorbereitungszeit: 5 Minuten für das Waschen und die Bereitstellung der Zutaten

Garzeit: 15 Minuten im Schnellkochtopf

Gesamtdauer: 20 Minuten

Chana Dal (gespaltene Kichererbsen) nach biharischer Art

Dieses D*al* ist eine Beilage, die gut zu P*uri* und P*ulao passt.*

Zutaten:

Chana Dal (gespaltene Kichererbsen) - 1/2 Tasse

Wasser - 3 Tassen (Größe, s. o.)

Kurkuma- (*Haldi*) Pulver - 1/2 Teelöffel

Salz - 1/2 Teelöffel oder nach Geschmack

Zucker - ¼ Teelöffel

Getrocknete Kokosraspeln - 2 Teelöffel

Tomaten - 2

Zwiebeln - 1

Knoblauch - 2 Zehen

Ingwer - 1 Stück (2-3 cm)

Kreuzkümmelsamen (*Jeera*) - 1/2 Teelöffel

Garam Masala (Mischung gängiger indischer Gewürze), zerstoßen - 1/2 Teelöffel

Tipp: Falls Sie im indischen Laden keine fertige G*aram Masala*-Mischung bekommen, können Sie sie leicht selbst herstellen. Dazu zerstoßen Sie schwarzen Kardamom - 1 Kapsel, grünen Kardamom - 3 Kapseln, 4 Nelken sowie ein Stück Zimtstange (2-3 cm) und mischen alles zusammen.

Asant (*Hing*) - ½ Teelöffel

Ghee (Butterschmalz) - 2 Teelöffel

Zubereitung:

Das *Chana Dal* waschen.

Stellen Sie den Schnellkochtopf auf Ihren Herd und geben Sie das *Ghee* (Butterschmalz) hinein.

Lassen Sie den Kreuzkümmelsamen im erhitzten Butterschmalz braun werden.

Fügen Sie die gehackte Zwiebel, Knoblauch und Ingwer hinzu.

2 Minuten anschwitzen lassen.

Gewürfelte Tomaten hinzugeben und 1 weitere Minute dünsten.

Die getrockneten Kokosraspeln und das Asant *(Hing)* hinzufügen und gut umrühren.

Das *Dal*, Kurkuma, Salz, Zucker, Wasser und G*aram Masala* zugeben.

Den Deckel fest verschließen, den Topf auf den Herd stellen und einen hohen Druck entstehen lassen (der Ventilstift hebt sich und es entsteht ein pfeifender Ton).

Danach reduzieren Sie die Hitze auf ein Minimum (kleinste Flamme auf dem Gasherd) und lassen den Inhalt weitere 10 Minuten köcheln.

Dann schalten Sie den Herd aus, damit der Kocher abkühlen kann.

Ihr *Chana Dal* nach biharischer Art ist fertig.

Vorbereitungszeit: 5 Minuten für das Waschen und die Bereitstellung der Zutaten

Garzeit: 15 Minuten im Schnellkochtopf

Gesamtdauer: 20 Minuten

Masoor Dal (ganze rote Linsen)

Zutaten:

Ganze *Masoor Dal* - 1/2 Tasse

Wasser - 4 Tassen (Größe, s. o.)

Kurkuma- (*Haldi*) Pulver - 1/2 Teelöffel

Salz - 1/2 Teelöffel nach Geschmack

Tomaten - 2

Zwiebeln - 1

Knoblauch - 2 Zehen

Kreuzkümmelsamen (*Jeera*) - 1/2 Teelöffel

Ghee (Butterschmalz) - 2 Teelöffel

Zubereitung:

Das *Masoor Dal* waschen.

Stellen Sie den Schnellkochtopf auf Ihren Herd und geben Sie das *Ghee* (Butterschmalz) hinein.

Sautieren Sie den Kreuzkümmelsamen im erhitzten Butterschmalz.

Fügen Sie die gehackte Zwiebel und den Knoblauch hinzu.

2 Minuten anschwitzen lassen.

Gewürfelte Tomaten hinzugeben und 1 weitere Minute dünsten lassen.

Das *Dal*, Kurkuma, Salz und das Wasser zugeben.

Den Deckel fest verschließen, den Topf auf den Herd stellen und einen hohen Druck entstehen lassen (der Ventilstift hebt sich und es entsteht ein pfeifender Ton).

Danach reduzieren Sie die Hitze auf ein Minimum (kleinste Flamme auf dem Gasherd) und lassen den Inhalt weitere 10 Minuten köcheln.

Dann schalten Sie den Herd aus, damit der Kocher abkühlen kann.

Ihr einfaches *Masoor Dal* ist fertig.

Vorbereitungszeit: 5 Minuten für das Waschen und die Bereitstellung der Zutaten

Garzeit: 13 Minuten im Schnellkochtopf

Gesamtdauer: 18 Minuten

Dhuli Masoor Dal (gespaltene rote Linsen)

Zutaten:

Dhuli Masoor (gespaltene rote Linsen) *Dal* - 1/2 Tasse

Wasser - 4 Tassen

Kurkuma- (*Haldi)* Pulver - 1/2 Teelöffel

Salz - 1/2 Teelöffel nach Geschmack

Tomaten - 2

Kreuzkümmelsamen (*Jeera*) - 1/2 Teelöffel

Knoblauch - 4 Zehen

Ganze rote Chilischoten - 1

Speiseöl - 1 Teelöffel

Frischer Koriander (optional)

Zubereitung:

Das *Masoor Dal* waschen und mit dem Wasser, *Haldi, Salz* und den gewürfelten Tomaten in einen Schnellkochtopf geben.

Den Deckel mit Gewicht fest verschließen, den Topf auf den Herd stellen und einen hohen Druck entstehen lassen (der Ventilstift hebt sich und es entsteht ein pfeifender Ton).

Danach schalten Sie den Herd aus, damit der Kocher abkühlen kann.

Geben Sie das Speiseöl in eine Pfanne und stellen Sie diese auf den Herd.

Fügen Sie während des Erhitzens den Kreuzkümmelsamen sowie die ganze rote Chilischote hinzu und sautieren Sie beides. Bitte den Kreuzkümmel nur bräunen und nicht anbrennen lassen.

Geben Sie dann den Knoblauch hinzu und rösten Sie ihn kurz mit, bis er sein Aroma abgibt.

Danach mit dem *Dal* vermischen.

Ihr einfacher *Dhuli Masoor Dal* ist fertig.

Wenn Sie mögen, können Sie auch einige frische gehackte Korianderblätter vor dem Servieren zugeben.

Vorbereitungszeit: 5 Minuten für das Waschen und die Bereitstellung der Zutaten

Garzeit: 7 Minuten im Schnellkochtopf

Gesamtdauer: 12 Minuten

Pachmahal Dal (Mischung aus fünf Hülsenfrüchten)

Zutaten:

Arhar Dal (gespaltene Straucherbsen) - 1 Esslöffel

Dhuli Moong (gespaltene Bengal Gram-Kichererbsen) - 1 Esslöffel

Dhuli Masoor Dal (gespaltene rote Linsen) - 1 Esslöffel

Chana Dal (gespaltene Kichererbsen) - 1 Esslöffel

Gespaltene *Urad Dal* (schwarze Linsen) - 1 Esslöffel

Wasser - 4 Tassen

Kurkuma- (*Haldi*) Pulver - 1/2 Teelöffel

Salz - 1/2 Teelöffel nach Geschmack

Tomaten - 2

Zwiebeln - 1

Knoblauch - 4 Zehen

Kreuzkümmelsamen (*Jeera*) - 1/2 Teelöffel

Ghee (Butterschmalz) - 2 Teelöffel

Zubereitung:

Alle *Dals* vermischen und waschen.

Stellen Sie den Schnellkochtopf auf Ihren Herd und geben Sie das *Ghee* (Butterschmalz) hinein.

Sautieren Sie den Kreuzkümmelsamen im erhitzten Butterschmalz.

Gewürfelten Knoblauch und Zwiebel hinzugeben.

Danach 2 Minuten anschwitzen lassen.

Die gewürfelten Tomaten zugeben und 1 weitere Minute dünsten.

Das Dal, Kurkuma, Salz und Wasser hinzufügen.

Den Deckel fest verschließen, den Topf auf den Herd stellen und einen hohen Druck entstehen lassen (der Ventilstift hebt sich und es entsteht ein pfeifender Ton).

Danach reduzieren Sie die Hitze auf ein Minimum (kleinste Flamme auf dem Gasherd) und lassen den Inhalt weitere 10 Minuten köcheln.

Dann schalten Sie den Herd aus, damit der Kocher abkühlen kann.

Ihr *Pachmahal Dal* ist fertig.

Vorbereitungszeit: 5 Minuten für das Waschen und die Bereitstellung der Zutaten

Garzeit: 13 Minuten im Schnellkochtopf

Gesamtdauer: 18 Minuten

Dhuli Moong Dal (gespaltene Bengal Gram-Kichererbsen)

Zutaten:

Dhuli Moong (gespaltene Bengal Gram-Kichererbsen) *Dal* - 1/2 Tasse

Wasser - 4 Tassen (Größe, s. o.)

Kurkuma- (*Haldi*) Pulver - 1/2 Teelöffel

Salz - 1/2 Teelöffel nach Geschmack

Tomaten - 1

Kreuzkümmelsamen (*Jeera*) - 1/2 Teelöffel

Ghee (Butterschmalz) - 1 Teelöffel

Frischer Koriander (optional)

Zubereitung:

Das *Moong Dal* waschen und zusammen mit Wasser, H*aldi*, Salz und der gewürfelten Tomate in einen Schnellkochtopf geben.

Den Deckel mit Gewicht fest verschließen, den Topf auf den Herd stellen und einen hohen Druck entstehen lassen (der Ventilstift hebt sich und es entsteht ein pfeifender Ton).

Dann schalten Sie den Herd aus, damit der Kocher abkühlen kann.

Geben Sie das Butterschmalz in eine Pfanne und stellen Sie diese auf den Herd.

Fügen Sie während des Erhitzens den Kreuzkümmel hinzu und sautieren Sie ihn.

Bitte den Kreuzkümmel nur bräunen und nicht anbrennen lassen.

Danach zum *Dal* geben.

Ihr einfacher *Moong Dal* ist fertig.

Wenn Sie mögen, können Sie noch einige frische gehackte Korianderblätter vor dem Servieren zugeben.

Vorbereitungszeit: 5 Minuten für das Waschen und die Bereitstellung der Zutaten

Garzeit: 7 Minuten im Schnellkochtopf

Gesamtdauer: 12 Minuten

Moong Dal (gespaltene Bengal Gram-Kichererbsen) nach bengalischer Art

Zutaten:

Dhuli Moong (gespaltene Bengal Gram-Kichererbsen) *Dal* - 1/ 2 Tasse

Wasser - 4 Tassen (Größe, s. o.)

Kurkuma- (*Haldi*) Pulver - 1/2 Teelöffel

Salz - 1/2 Teelöffel nach Geschmack

Zucker - ¼ Teelöffel

Getrocknete Kokosraspeln - 2 Teelöffel

Garam Masala - ½ Teelöffel

Tipp: Falls Sie im indischen Laden keine fertige G*aram Masala*-Mischung bekommen, können Sie sie leicht selbst herstellen. Dazu zerstoßen Sie schwarzen Kardamom - 1 Kapsel, grünen Kardamom - 3 Kapseln, 4 Nelken sowie ein Stück Zimtstange (2-3 cm) und mischen alles zusammen.

Tomaten - 2

Zwiebeln (gewürfelt) - 1

Knoblauch (gewürfelt) – 2 Zehen

Ingwer (gewürfelt) - 1 Stück (2.5 cm oder 1/3 Fingerlänge)

Kreuzkümmelsamen (*Jeera*) - 1/2 Teelöffel

Ghee (Butterschmalz) - 2 Teelöffel

Frischer Koriander (optional)

Zubereitung:

Geben Sie das *Moong Dal* ungewaschen in eine Pfanne.

Stellen Sie die Pfanne auf den Herd und rösten Sie das *Moong Dal* ohne Öl an, bis es eine goldbraune Farbe aufweist.

Dann nehmen Sie es vom Herd, waschen es und stellen es beiseite.

Nun geben Sie das Butterschmalz in einen Schnellkochtopf.

Während des Erhitzens geben Sie den Kreuzkümmel hinzu.

Sautieren Sie ihn einige Sekunden. Bitte achten Sie darauf, dass der Kreuzkümmel nur bräunt und nicht anbrennt.

Danach geben Sie Zwiebel, Knoblauch und Ingwer hinzu und lassen die Zwiebel unter Rühren glasig werden.

Nun fügen Sie das (geröstete und gewaschene) *Moong Dal,* die getrockneten Kokosrapeln, *Garam Masala*, Zucker, Kurkuma, Salz, die Tomaten und das Wasser hinzu.

Den Deckel mit Gewicht fest verschließen, den Topf auf den Herd stellen und einen hohen Druck entstehen lassen (der Ventilstift hebt sich und es entsteht ein pfeifender Ton).

Dann schalten Sie den Herd aus, damit der Kocher abkühlen kann.

Ihr *Moong Dal* nach bengalischer Art ist fertig.

Wenn Sie mögen, können Sie noch einige frische gehackte Korianderblätter vor dem Servieren zugeben.

Vorbereitungszeit: 7 Minuten für das Waschen und die Bereitstellung der Zutaten

Garzeit: 5 Minuten im Schnellkochtopf

Gesamtdauer: 12 Minuten

Gespaltenes Urad Dal (schwarze Linsen) mit Spinat

Zutaten:

Gespaltene *Urad Dal* - 1/2 Tasse

Wasser - 3 Tassen

Spinat - 2 Tassen (gewaschen und gehackt)

Ingwer - 1 Stück (2.5 cm oder 1/3 Fingerlänge)

Kreuzkümmelsamen - ½ Teelöffel

Frische Tomaten - 3

Ghee (Butterschmalz) - 1 Teelöffel

Salz - nach Geschmack (oder ca. 1 gestrichener Teelöffel)

Zubereitung:

Das *Urad Dal* in einer Pfanne ohne Öl anrösten, bis es eine goldbraune Farbe aufweist.

Nun das *Dal* waschen und zur Seite stellen.

Geben Sie das Butterschmalz in einen Schnellkochtopf und stellen Sie diesen auf den Herd.

Den Kreuzkümmelsamen und den Ingwer während des Erhitzens zugeben.

Sobald der Kreuzkümmelsamen anbräunt, fügen Sie den Spinat und die Tomaten hinzu.

Gut umrühren.

Das *Urad Dal*, Salz und Wasser hinzugeben.

Den Deckel mit Gewicht fest verschließen, den Topf auf den Herd stellen und einen hohen Druck entstehen lassen (der Ventilstift hebt sich und es entsteht ein pfeifender Ton). Die Hitzezufuhr vermindern (kleinste Flamme beim Gasherd) und 15 Minuten weiterkochen lassen.

Danach schalten Sie den Herd aus, damit der Kocher abkühlen kann. Danach das *Dal* entnehmen.

Ihr *Urad Dal* mit Spinat ist fertig.

Vorbereitungszeit: 7 Minuten

Garzeit: 15 Minuten

Gesamtdauer: 22 Minuten

Sambar

Die Bewohner der südindischen Staaten Andhra Pradesh, Tamil Nadu, Karnataka und Kerala bevorzugen ihren *Arhar/ Toor Dal* in dieser feurigen aber schmackhaften Variante. Tatsächlich lieben sie *Sambar* so sehr, dass sie ihn zu allen Mahlzeiten - Frühstück, Mittag- und Abendessen - verzehren!

Seien Sie vorsichtig, hierbei handelt es sich KEINESFALLS um eine milde Suppe.

Zutaten:

Arhar/Toor (gespaltene Straucherbsen) *Dal*- 1 kleine Tasse

Wasser - 4 Tassen (Größe, s. o.)

Zwiebeln - 1

Tomaten - 2

Knoblauch - 6 Zehen

Bohnen - 100 Gramm (eine halbe Tasse)

Kürbis - 100 Gramm (eine halbe Tasse)

Flaschenkürbis - 100 Gramm (eine halbe Tasse)

Sambar Masala-Pulver - 4 Teelöffel

Tamarindenpaste - 1 Esslöffel, aufgelöst in 1/2 Tasse Wasser

Ghee (Butterschmalz) - 1 Esslöffel

Schwarzer Senfsamen (*Rai*) - 1 Teelöffel

Curryblätter - 10-12 Stück

Salz nach Geschmack

Zucker - 1/2 Teelöffel

Zubereitung:

Das *Dal* und das Gemüse gründlich waschen.

Danach Zwiebel, Tomaten, Knoblauch und das Gemüse würfeln.

Nehmen Sie nun einen Schnellkochtopf und geben das *Dal,* das gewürfelte Gemüse sowie die Zwiebel-, Tomaten- und Knoblauch-Stückchen hinein.

Mit dem *Sambar Masala*, Salz und Zucker würzen.

Wasser hinzugeben.

Den Deckel fest verschließen, den Topf auf den Herd stellen und einen hohen Druck entstehen lassen (der Ventilstift hebt sich und es entsteht ein pfeifender Ton). Die Hitzezufuhr vermindern (kleinste Flamme beim Gasherd) und 7 Minuten weiterkochen lassen.

Dann schalten Sie den Herd aus, damit der Kocher vor dem Öffnen abkühlen kann.

Nun fügen Sie die Tamarindenpaste hinzu und lassen die Masse ohne Deckel noch einmal aufkochen.

Geben Sie das Butterschmalz, den schwarzen Senfsamen und die Curryblätter in eine Pfanne.

Wenn die Samen anfangen zu springen, geben Sie die Mischung zum *Sambar*.

Das war's. Ihr *Sambar* ist fertig.

Falls Sie keine Curryblätter bekommen können, kann auch der schwarze Senfsamen allein den gewünschten Geschmack ergeben.

Wenn Sie das *Sambar* lieber etwas saurer mögen, können Sie noch Tamarindenpaste zugeben. Für einen süßeren Geschmack nehmen Sie etwas mehr Zucker.

Vorbereitungszeit: 8 Minuten für das Waschen und Zerkleinern der Zutaten.

Garzeit: 12 Minuten im Schnellkochtopf

Gesamtdauer: 20 Minuten

Currys mit Hülsenfrüchten

Lassen Sie mich Ihnen jetzt Hülsenfrüchte vorstellen, die nicht in *Dals* sondern in richtigen *Currys* Verwendung finden und gar nicht wie Suppe aussehen!

Rajma (Curry mit roten Kidneybohnen)

Rajma ist ein Dauerbrenner in den indischen Staaten Punjab, Haryana, Himachal Pradesh und Jammu & Kashmir. Dieses Gericht wird eher wie Fleisch zubereitet. Viele Straßenrestaurants oder *Dhabas* servieren lediglich *Rajma* mit duftendem Basmati-Reis und erfreuen sich scheinbar nicht endenden Warteschlangen hungriger Gäste.

Probieren Sie dieses Rezept aus, und Sie werden nie wieder diese faden gebackenen Bohnen in Tomatensoße verzehren.

Zutaten:

Kidneybohnen (*Rajma*) - 1 kleine Tasse

Wasser - 4 Tassen (Größe, s. o.)

Gewürfelte Zwiebeln - 1

Gewürfelter Knoblauch - 5 Zehen

Gewürfelter Ingwer - 1 Stück (2.5 cm oder 1/3 Fingerlänge).

Gewürfelte Tomaten - 4

Garam Masala-Pulver - 1/2 Teelöffel

Tipp: Falls Sie im indischen Laden keine fertige G*aram Masala*-Mischung bekommen, können Sie sie leicht selbst herstellen. Dazu mahlen Sie schwarzen Kardamom - 1 Kapsel, grünen Kardamom - 3 Kapseln, 4 Nelken sowie ein Stück Zimtstange (2-3 cm) und mischen alles zusammen.

Kurkuma (*Haldi*) - 1/2 Teelöffel

Kreuzkümmelsamen (*Jeera*) - 1/2 Teelöffel

Rotes Chilipulver (*Kashmiri*) - 1/2 Teelöffel (nur zum Abschmecken)

Butterschmalz (*Ghee*) - 2 Esslöffel

Salz nach Geschmack

Zucker - 1/4 Teelöffel

Zubereitung:

Weichen Sie die Kidneybohnen über Nacht in 2 Tassen Wasser ein.

Anmerkung: Falls Sie die Bohnen nicht einweichen, wird sich die Garzeit extrem verlängern und die Zubereitung wird erschwert.

Stellen Sie den Schnellkochtopf auf Ihren Herd.

Butterschmalz hinein geben und schmelzen lassen. Danach die Kreuzkümmelsamen zufügen.

Lassen Sie die Kreuzkümmelsamen einige Sekunden anrösten, bis sie braun werden. Bitte passen Sie auf, dass sie nicht anbrennen. Dann die gewürfelten Zwiebeln, Knoblauch und Ingwer zugeben.

Gut andünsten, bis die Zwiebel glasig wird und ihr Aroma entfaltet.

Nun die Kidneybohnen zusammen mit dem Chilipulver, Kurkumapulver, *Garam Masala,* Salz und Zucker hinzufügen.

1 Minute anschwitzen lassen.

Geben Sie dieser Mischung nun die Tomaten hinzu.

Gut anrösten, bis die Tomaten gar sind.

Danach 4 Tassen Wasser zufügen und den Deckel verschließen.

Den Topf auf den Herd stellen und einen hohen Druck entstehen lassen (der Ventilstift hebt sich und es entsteht ein pfeifender Ton). Sofort danach die Wärmezufuhr auf ein Minimum zurückstellen.

Beim Gasherd bitte die kleinste Flamme wählen.

Weitere 15 Minuten bei geringer Wärmezufuhr köcheln lassen.

Danach schalten Sie den Herd aus, damit der Kocher abkühlen kann.

Heben Sie den Deckel und schauen Sie nach, ob das *Rajma* die gewünschte Konsistenz aufweist. Falls Sie es etwas flüssiger möchten, können Sie noch Wasser zugeben. Möchten Sie es jedoch etwas fester, lassen Sie es noch ein wenig kochen und das Wasser verdampfen. Beide Varianten erfordern ein ständiges Rühren, um ein Anbrennen zu vermeiden.

Dieses Gericht schmeckt köstlich zu langkörnigem Basmati-Reis.

Vorbereitungszeit: Über Nacht einweichen lassen. Nach dieser Einweichzeit benötigen Sie noch ca. 5 Minuten für das Waschen und die Bereitstellung der Zutaten.

Garzeit: 20 Minuten im Schnellkochtopf

Gesamtdauer: 25 Minuten

Chhola (Curry mit ganzen Kichererbsen)

Hier handelt es sich um ein weiteres klassisches Gericht der nordindischen Staaten Punjab, Haryana, Himachal Pradesh und Jammu & Kashmir. Es wird ebenso wie das *Rajma* mehr wie Fleisch zubereitet. Jedoch wird *Chhola* im Gegensatz zum *Rajma* nicht mit Basmati-Reis gereicht, sondern mit *Puri* (frittierte, ballonförmige und ungesäuerte Fladenbrote) und *Bhathuras* (eine weitere Variation der indischen Fladenbrote). Diese Kombination ist besonders zum Frühstück oder Brunch sehr beliebt.

Versuchen Sie dieses Gericht auch mit Reis oder jeder anderen heimischen oder indischen Brotsorte. Ich bin mir sicher, Sie werden es lieben.

Zutaten:

Ganze weiße Kichererbsen (*Kabuli Chana* oder *Chhola*) - 1 kleine Tasse

Zwiebeln - 2

Knoblauch - 6 Zehen

Ingwer - 1 Stück (ca. 4 cm oder 2/3 Fingerlänge)

Tomaten - 3

Kreuzkümmelsamen (*Jeera*) - 1/2 Teelöffel

Korianderpulver - 2 Teelöffel

Kurkuma - 1 Teelöffel

Garam Masala-Pulver - 1/2 Teelöffel

Tipp: Falls Sie im indischen Laden keine fertige G*aram Masala*-Mischung bekommen, können Sie sie leicht selbst herstellen. Dazu zerstoßen Sie schwarzen Kardamom - 1 Kapsel, grünen Kardamom - 3 Kapseln, 4 Nelken sowie ein Stück Zimtstange (2-3 cm) und mischen alles zusammen.

Rotes Chilipulver (*Kashmiri*) - 1/2 Teelöffel

Speiseöl - 2 Esslöffel

Salz nach Geschmack

Zubereitung:

Lassen Sie die Kichererbsen für 4 Stunden vollständig bedeckt in einem Gefäß mit Wasser einweichen. Auf diese Art werden die Kichererbsen beim Kochen besonders zart und die Garzeit reduziert sich.

Geben Sie die aufgeweichten Kichererbsen in einen Schnellkochtopf und achten Sie darauf, dass sie vollständig von Wasser bedeckt sind.

Den Deckel mit Gewicht fest verschließen, den Topf auf den Herd stellen und einen hohen Druck entstehen lassen (der Ventilstift hebt sich und es entsteht ein pfeifender Ton). Die Hitzezufuhr vermindern (kleinste Flamme beim Gasherd) und die Kichererbsen weitere 10 Minuten kochen.

Dann schalten Sie den Herd aus, damit der Kocher vor dem Öffnen abkühlen kann.

Bereiten Sie mithilfe eines Mixers aus den Tomaten, Ingwer, Knoblauch und Zwiebeln eine feine Paste.

Stellen Sie einen Wok auf den Herd und geben Sie das Speiseöl hinein.

Während das Öl erhitzt, fügen Sie den Kreuzkümmelsamen hinzu.

Bitte passen Sie auf, dass der Kreuzkümmelsamen nicht anbrennt. Er benötigt zum Anbräunen nur wenige Sekunden. Geben Sie danach die soeben hergestellte Paste hinzu.

Schwitzen Sie diese Paste an, bis Sie anfängt zu duften.

Nun geben Sie Kurkumapulver, *Garam Masala*, rotes Chilipulver und das Korianderpulver hinzu.

Für weitere 2 Minuten anschwitzen.

Danach dieser Mischung die Kichererbsen (ohne Wasser) zugeben.

Alles gut vermischen und salzen.

Jetzt geben Sie je nach gewünschter Konsistenz des Currys Wasser hinzu.

Lassen Sie die Mischung 2 Minuten kochen, sodass sich alle Zutaten gut miteinander verbinden.

Ihr *Chhola* ist fertig.

Vorbereitungszeit: über Nacht mind. 4 Stunden einweichen lassen. Neben dieser Einweichzeit benötigen Sie noch ca. 5 Minuten für das Waschen und die Bereitstellung der Zutaten.

Garzeit: 20 Minuten im Schnellkochtopf

Gesamtdauer: 25 Minuten

Anmerkung: Falls Sie schon einmal *Chhola* in einem *Dhaba*-Restaurant gegessen haben, könnten Sie mein „hausgemachtes" Rezept vielleicht ein wenig zu mild finden. Dafür gibt es hauptsächlich 2 Gründe. Erstens müssen die *Dhabas* riesige Mengen (sagen wir 10 kg Kichererbsen in einem Rutsch), und das auch noch in drucklosen Gefäßen, zubereiten. Dann wird beim Einweich-Prozess Backpulver verwendet. Diese Vorgehensweise gefällt mir nicht, denn sie erhöht den Natriumgehalt der *Chhola* (was schlecht für Ihren Blutdruck ist), ohne den Geschmack zu verstärken. Tatsächlich wird der ein wenig seifige Beigeschmack des Backpulvers in diesem Gericht sensible Gaumen nicht sonderlich erfreuen.

Genau das führt zum zweiten Punkt. Das übertönende Aroma des Backpulvers wird nun durch die Verwendung von kräftigen Gewürzen wie *Kastoori Methi* (duftender Bockshornklee) neutralisiert. Um die Schärfe des Gerichtes zu erhöhen, fügt man dann *Anardana* (gemahlene Samen des wilden Granatapfels) hinzu. Zum Schluss werden aufgeweichte Teeblätter für eine schwarze Farbgebung zur *Chhola* gegeben.

Gegen die letzten beiden Praktiken habe ich nichts einzuwenden. Wenden Sie sie ruhig an, falls Sie nicht auf diesen authentischen *Dhaba*-Geschmack verzichten möchten.

Für den Anfang jedoch sollten Sie lieber einen Schnellkochtopf oder einen Schongarer anstelle von Backpulver benutzen.

Chhola, trocken (ganze Kichererbsen - trockener Art)

Dieses hervorragende Gericht eignet sich bestens für einen Snack am Vor- oder Nachmittag. Es ist sehr gesund und wird ohne einen Tropfen Öl zubereitet.

Zutaten:

Ganze weiße Kichererbsen (*Kabuli Chana* oder *Chhola*) - 1 kleine Tasse

Zwiebeln - 1 (gewürfelt)

Tomaten - 2 (gewürfelt)

Frische Korianderblätter - 1 Teelöffel (gehackt)

Grüne Chilischote, entkernt - 1 (optional) (gewürfelt)

Frischer Zitronensaft - 1 Esslöffel

Salz nach Geschmack

Lassen Sie die Kichererbsen für 4 Stunden vollständig bedeckt in einem Gefäß mit Wasser einweichen. Auf diese Art werden die Kichererbsen beim Kochen besonders zart und die Garzeit reduziert sich.

Geben Sie die aufgeweichten Kichererbsen in einen Schnellkochtopf und achten Sie darauf, dass sie vollständig von Wasser bedeckt sind.

Den Deckel mit Gewicht fest verschließen, den Topf auf den Herd stellen und einen hohen Druck entstehen lassen (der Ventilstift hebt sich und es entsteht der typische Ton). Die Hitzezufuhr vermindern (kleinste Flamme beim Gasherd) und die Kichererbsen 10 Minuten weiterkochen lassen.

Danach schalten Sie den Herd aus, damit der Kocher vor dem Öffnen abkühlen kann.

Füllen Sie die Kichererbsen (ohne Wasser) in eine Servierschüssel.

Fügen Sie die gewürfelte Zwiebel, Tomaten, Korianderblätter, grüne Chilischote, Salz und Zitronensaft hinzu und vermischen Sie alles gründlich.

Ihr köstliches *Chhola* - trockener Art ist fertig.

Vorbereitungszeit: über Nacht mind. 4 Stunden einweichen lassen. Nach dieser Einweichzeit benötigen Sie noch ca. 5 Minuten für das Waschen und die Bereitstellung der Zutaten.

Garzeit: 15 Minuten im Schnellkochtopf

Gesamtdauer: 20 Minuten

Chana Ghugni (Curry mit grünen Kichererbsen nach biharischer Art)

Zutaten:

Grünes *Chana* - ½ Tasse

Zwiebeln - 1 (gewürfelt)

Tomaten - 1 (gewürfelt)

Kreuzkümmelsamen - ½ Teelöffel

Speiseöl - 1 Teelöffel

Wasser - 1 Tasse

Salz nach Geschmack

Zubereitung:

Lassen Sie die grünen Kichererbsen für 4 Stunden vollständig bedeckt in einem Gefäß mit Wasser einweichen. Auf diese Art werden die Kichererbsen beim Kochen besonders zart und die Garzeit reduziert sich.

Stellen Sie den Schnellkochtopf auf Ihren Herd.

Speiseöl hineingeben, heiß werden lassen und den Kreuzkümmelsamen andünsten.

Sobald der Kreuzkümmelsamen nach einigen Sekunden braun wird (bitte achten Sie darauf, dass er nicht anbrennt), geben Sie die gewürfelte Zwiebel und Tomate hinzu.

Gut rühren, bis die Zwiebel glasig wird und ihr Aroma entfaltet.

Jetzt das grüne *Chana*, Salz und Wasser zugeben.

Den Deckel mit Gewicht fest verschließen, den Topf auf den Herd stellen und einen hohen Druck entstehen lassen (der Ventilstift hebt sich und es entsteht der typische Ton).

Danach reduzieren Sie die Hitze auf ein Minimum (kleinste Flamme auf dem Gasherd) und lassen den Inhalt weitere 5 Minuten köcheln.

Dann schalten Sie den Herd aus, damit der Kocher abkühlen kann.

Ihr grünes *Chana Ghugni* ist fertig.

Vorbereitungszeit: über Nacht mind. 4 Stunden einweichen lassen. Neben dieser Einweichzeit benötigen Sie noch ca. 5 Minuten für das Waschen und die Bereitstellung der Zutaten.

Garzeit: 10 Minuten im Schnellkochtopf

Gesamtdauer: 15 Minuten

Ghugni aus grünen Erbsen und Kartoffeln (Curry nach biharischer Art)

Hier handelt es sich um das beliebte nordindische „Bahnhofs"-Gericht. Es wird normalerweise mit indischem Puri (frittiertes, ballonförmiges Brot) serviert.

Zutaten:

Grüne Erbsen - ½ Tasse

Kartoffeln - 1 (mundgerechte Stücke)

Tomaten - 2 (gewürfelt)

Kreuzkümmelsamen - ½ Teelöffel

Speiseöl - 1 Teelöffel

Wasser - 1/2 Tasse

Salz nach Geschmack

Zubereitung:

Stellen Sie den Schnellkochtopf auf Ihren Herd.

Speiseöl hineingeben und erhitzen. Danach die Kreuzkümmelsamen zufügen.

Lassen Sie die Kreuzkümmelsamen einige Sekunden anrösten, bis sie braun werden. Bitte passen Sie auf, dass sie nicht anbrennen. Dann die zerkleinerten Erbsen und die Kartoffeln zugeben.

Eine Minute gut verrühren, die Tomaten zugeben und unter Rühren anschmoren lassen.

Jetzt salzen und das Wasser hinzufügen.

Den Deckel mit Gewicht fest verschließen, den Topf auf den Herd stellen und einen hohen Druck entstehen lassen (der Ventilstift hebt sich und es entsteht der typische Ton).

Danach schalten Sie den Herd aus, damit der Kocher abkühlen kann.

Ihr *Ghugni* aus grünen Erbsen und Kartoffeln ist fertig.

Vorbereitungszeit: 5 Minuten

Garzeit: 5 Minuten im Schnellkochtopf

Gesamtdauer: 10 Minuten

Dal aus grünen Erbsen (nach biharischer Art)

Zutaten:

Grüne Erbsen - 1½ Tasse

Tomaten - 3 (gewürfelt)

Kreuzkümmelsamen - ½ Teelöffel

Kurkuma - ½ Teelöffel

Rotes Chilipulver - 1/4 Teelöffel

Garam Masala - ½ Teelöffel

Tipp: Falls Sie im indischen Laden keine fertige G*aram Masala*-Mischung bekommen, können Sie sie leicht selbst herstellen. Dazu zerstoßen Sie schwarzen Kardamom - 1 Kapsel, grünen Kardamom - 3 Kapseln, 4 Nelken sowie ein Stück Zimtstange (2-3 cm) und mischen alles zusammen.

Korianderpulver - 1 Teelöffel

Ghee (Butterschmalz) - 1 Esslöffel

Wasser - 2 Tassen

Salz nach Geschmack

Zubereitung:

1/2 Tasse grüne Erbsen in einem Mixer zerkleinern und beiseite stellen.

Stellen Sie den Schnellkochtopf auf Ihren Herd.

Butterschmalz hinein geben und erhitzen. Danach die Kreuzkümmelsamen zufügen.

Lassen Sie die Kreuzkümmelsamen einige Sekunden anrösten, bis sie braun werden. Bitte passen Sie auf, dass sie nicht anbrennen. Dann die ganzen sowie die zerkleinerten Erbsen zugeben.

Eine Minute gut verrühren und die Tomaten zugeben.

Weiter rühren und die Tomaten anschmoren lassen.

Nun Kurkuma, Koriander, rotes Chilipulver, *Garam Masala* und Salz dazugeben.

Nochmals 1 Minute rühren und Wasser zugeben.

Den Deckel mit Gewicht fest verschließen, den Topf auf den Herd stellen und einen hohen Druck entstehen lassen (der Ventilstift hebt sich und es entsteht der typische Ton).

Danach reduzieren Sie die Hitze auf ein Minimum (kleinste Flamme auf dem Gasherd) und lassen den Inhalt weitere 5 Minuten köcheln.

Dann schalten Sie den Herd aus, damit der Kocher abkühlen kann.

Ihr *Dal* aus grünen Erbsen nach biharischer Art ist fertig.

Vorbereitungszeit: 7 Minuten

Garzeit: 10 Minuten im Schnellkochtopf

Gesamtdauer: 17 Minuten

Karhi (Currygericht mit Joghurt und Kichererbsenmehl)

Dieses Gericht wurde wahrscheinlich für Tage erfunden, an denen es auf dem Dorfmarkt kein frisches grünes Gemüse gab. Nach dem Aufkommen der Supermärkte ist dieses Problem mit dem Lebensmittelangebot aus aller Welt weitestgehend verschwunden.

Dennoch ist *Karhi* nicht nur in Nord-, sondern auch in Westindien mit einer kleinen Abweichung immer noch sehr beliebt. Nachfolgend nun die westliche Version, die ich persönlich schmackhafter finde:

Zutaten:

Curd (indischer Joghurt) - 1 Tasse

Kichererbsenmehl (*Besan*) - 2 Esslöffel

Kurkumapulver (*Haldi*) - 1 Teelöffel

Korianderpulver - 1 Teelöffel

Rotes Chilipulver (*Kashmiri*) - ½ Teelöffel (nur zum Abschmecken)

Zucker - 1 Teelöffel

Gemahlener Asant (*Hing*) - 1/4 Teelöffel

Grüne Chilischote - 1 (nur zum Abschmecken)

Falls Sie Ihr *Karhi* lieber scharf möchten, können Sie eine grüne Chilischote klein hacken und untermischen.

Salz - 1 Teelöffel nach Geschmack

Wasser - 2½ Tassen

Butterschmalz (*Ghee*) - 1 Teelöffel

Schwarzer Senfsamen (*Rai*) - 1/2 Teelöffel

Curryblätter - ein paar

Zubereitung:

Geben Sie Joghurt, Kichererbsenmehl (*Besan*), Kurkumapulver (*Haldi*), Korianderpulver, rotes Chilipulver (*Kashmiri*), Zucker, Asant (*Hing*), eine ganze grüne Chilischote und Salz in einen Wok.

Alles gut vermischen und das Wasser hinzugeben.

Stellen Sie den Wok auf Ihren Herd.

Lassen Sie die Mischung unter ständigem Rühren aufkochen, bis sie eine leicht dickliche Konsistenz aufweist (ca. 5 Minuten).

Danach nicht weiter kochen lassen und beiseite stellen.

Erhitzen Sie jetzt das Butterschmalz, den schwarzen Senfsamen und die Curryblätter in einer separaten Pfanne.

Sobald die Senfsamen (*Rai*) anfangen zu springen, nehmen Sie sie vom Herd und geben Sie den gesamten Inhalt zum *Karhi* in den Wok.

Das war's.

Das *Karhi* schmeckt sehr gut zu Reis.

Sie können *Karhi* auch zusammen mit *Pakoris* (Gemüse, einschließlich frittierter Zwiebeln im *Besan*-Mantel) servieren.

Falls Sie die nordindische Version des *Karhi* bevorzugen, lassen Sie einfach die Curryblätter und den *Rai* weg.

Vorbereitungszeit: 5 Minuten

Garzeit: 7 Minuten

Gesamtdauer: 12 Minuten

Mattar Paneer (Currygericht mit indischem Paneerkäse und Erbsen)

Dies ist ein klassisches Gericht aus Nordindien. Man findet es einfach überall; in privaten Haushalten, in den Dhabas und auch in noblen Restaurants. Nachfolgend allerdings eine kalorienarme Version:

Zutaten:

Paneer (indischer Paneerkäse) - 1/2 kg (500 Gramm oder 2 Tassen)

Grüne Erbsen (geschält, vorzugsweise frisch) - 200 Gramm (1 Tasse)

Zwiebeln - 2 (mittelgroß)

Knoblauch - 4 Zehen

Ingwer - 1 Stück (2.5 cm oder 1/3 Fingerlänge)

Frische Tomaten - 2 (gewaschen und gewürfelt)

Kurkuma (*Haldi*) - 1/2 Teelöffel

Getrockneter gemahlener Koriander - 2 Teelöffel

Garam Masala (Mischung gängiger indischer Gewürze), gemahlen - 1/2 Teelöffel

Tipp: Falls Sie im indischen Laden keine fertige G*aram masala*-Mischung bekommen, können Sie sie leicht selbst herstellen. Dazu zerstoßen Sie schwarzen Kardamom - 1 Kapsel, grünen Kardamom - 3 Kapseln, 4 Nelken sowie ein Stück Zimtstange (2-3 cm) und mischen alles zusammen.

Rotes Chilipulver (*Kashmiri*) - 1/4 Teelöffel (ergibt eine schöne Farbe; sollten Sie mehr Schärfe wünschen, nehmen Sie bitte ein anderes rotes Chilipulver)

Kreuzkümmel, ganz - 1/2 Teelöffel

Salz - 1 gestrichener Teelöffel (nach Geschmack)

Tomatenketchup - 1 Esslöffel

Speiseöl - 1 Esslöffel

Ghee (Butterschmalz) - 1 Teelöffel

Wasser - 1 Tasse

Zubereitung:

Rösten Sie den *Paneer* (indischer Paneerkäse) in einer beschichteten Pfanne an, bis er goldbraun wird. Danach kann er in mundgerechte Stücke geschnitten werden.

(Die meisten Rezepte empfehlen ein Anrösten der Stücke in Öl. Falls Ihnen die zusätzlichen Kalorien nichts ausmachen, können Sie das tun).

Verarbeiten Sie (vorzugsweise in einem Mixer) Zwiebeln, Knoblauch, Ingwer und Tomaten zu einer feinen Paste.

Erhitzen Sie das Öl in einem Schnellkochtopf. (Falls Sie keinen Schnellkochtopf besitzen, können Sie auch einen Wok oder eine hohe Pfanne benutzen).

Geben Sie den Kreuzkümmel zum Öl und lassen Sie ihn anbräunen. Dann fügen Sie die Paste hinzu und lassen alles leicht anbraten.

Sobald die Mischung anfängt zu duften, geben Sie die Erbsen sowie den Paneer hinzu und sautieren Sie das Ganze bei minimaler Wärmezufuhr.

Mit der trockenen *Masala* und Salz würzen.

Geben Sie nun Ketchup und Butterschmalz zur Mischung und rühren nochmals gut um.

Das Wasser hinzufügen, den Deckel mit Gewicht fest verschließen, den Topf auf den Herd stellen und einen hohen Druck entstehen lassen (der Ventilstift hebt sich und Sie werden das typische Geräusch hören).

Schalten Sie den Herd aus.

Lassen Sie den Kocher abkühlen, bevor Sie ihn öffnen.

(Falls Sie einen Wok benutzen, fügen Sie das Wasser hinzu, verschließen Sie den Wok/die Pfanne mit einem Deckel und reduzieren Sie die Wärmezufuhr auf ein Minimum. Lassen Sie die Erbsen nach Ihrem Geschmack garen. Das sollte ungefähr 5 Minuten dauern).

Ihr *Mattar Paneer* (indischer Paneerkäse mit Erbsenpüree) ist fertig.

Vorbereitungszeit: 10 Minuten

Garzeit: 5 Minuten im Schnellkochtopf, 10 Minuten im Wok/ Pfanne

Gesamtdauer: 15 Minuten im Schnellkochtopf, 20 Minuten im Wok/Pfanne

Soja Mattar (Currygericht mit Sojagranulat und Erbsen)

Zutaten:

Sojagranulat - 1 Tasse

Grüne Erbsen (geschält, vorzugsweise frisch) - 1/2 Tasse

Zwiebeln - 2 (mittelgroß; gewürfelt)

Knoblauch - 4 Zehen

Ingwer - 1 Stück (2.5 cm oder 1/3 Fingerlänge)

Frische Tomaten - 2 (gewürfelt)

Kurkuma (*Haldi*) - 1/2 Teelöffel

Gemahlener Koriander - 2 Teelöffel

Garam Masala (Mischung gängiger indischer Gerichte), gestoßen - 1/2 Teelöffel

Tipp: Falls Sie im indischen Laden keine fertige G*aram Mmasala*-Mischung bekommen, können Sie sie leicht selbst herstellen. Dazu zerstoßen Sie schwarzen Kardamom - 1 Kapsel, grüner Kardamom - 3 Kapseln, 4 Nelken sowie ein Stück Zimtstange (2-3 cm) und mischen alles zusammen.

Rotes Chilipulver (*Kashmiri*) - 1/4 Teelöffel (ergibt eine schöne Farbe; sollten Sie mehr Schärfe wünschen, nehmen Sie bitte ein anderes rotes Chilipulver)

Curd (indischer Joghurt) - 1 Esslöffel

Kreuzkümmel, ganz (*Jeera*) - 1/2 Teelöffel

Salz - 1 gestrichener Teelöffel (nach Geschmack)

Tomatenketchup - 1 Esslöffel

Speiseöl - 1 Esslöffel

Ghee (Butterschmalz) - 1 Teelöffel

Wasser - 1 Tasse

Zubereitung:

Verarbeiten Sie (vorzugsweise in einem Mixer) Zwiebeln, Knoblauch, Ingwer und Tomaten zu einer feinen Paste.

Erhitzen Sie das Öl in einem Schnellkochtopf/Wok/hohe Pfanne.

Geben Sie den Kreuzkümmel zum Öl und lassen Sie ihn anbräunen. Dann fügen Sie die Paste hinzu und lassen alles leicht anbraten.

Sobald die Mischung anfängt zu duften, geben Sie das Sojagranulat sowie die Erbsen hinzu und schwitzen Sie das Ganze bei minimaler Wärmezufuhr an.

Fügen Sie trockene *Masala,* Salz sowie Curd hinzu und rühren Sie bei geringer Wärmezufuhr (kleinste Flamme beim Gasherd), bis die Konsistenz trockener wird.

Ketchup hinzufügen und abermals umrühren.

Nun verstärken Sie den Geschmack durch Zugabe des Butterschmalzes.

Das Wasser hinzufügen, den Deckel mit Gewicht fest verschließen, den Topf auf den Herd stellen und einen hohen Druck entstehen lassen (der Ventilstift hebt sich und Sie werden das typische Geräusch hören).

Schalten Sie den Herd aus.

Lassen Sie den Kocher abkühlen, bevor Sie ihn öffnen.

Sollten Sie einen Wok/hohe Pfanne benutzen, lassen Sie die Masse bei dicht geschlossenem Deckel 15 Minuten kochen, bis die Soja-Granulate vollständig gar sind.

Vorbereitungszeit: 7 Minuten

Garzeit: 10 Minuten im Schnellkochtopf; 20 Minuten im Wok/hohe Pfanne

Gesamtdauer: 17 Minuten im Schnellkochtopf; 27 Minuten im Wok/hohe Pfanne

Dal Makhni

Hier handelt es sich um das beliebteste Gericht aus Linsen und Tomaten, das man in ganz Indien in den Straßenlokalen wie auch in luxuriösen Gourmet-Restaurants bekommt. Traditionell wird dieses *Dal* über Nacht langsam gegart und ist somit sehr mühsam in der Zubereitung zu Hause. Ein Restaurant-Rezept schlägt die Verwendung eines halben Kilos Sahne und eines ganzen Kilos Butter für je ein Kilo *Dal* vor; es könnte daher fast als Milchprodukt bezeichnet werden.

Wir präsentieren Ihnen nachfolgend jedoch eine kalorienärmere Version, die Sie im Handumdrehen zubereiten können:

Zutaten:

Ganze *Urad Dal* (schwarze Linsen) - 1/2 Tasse (über Nacht eingeweicht)

Wasser - 5 Tassen

Knoblauch - 2 Zehen

Ingwer - 1 Stück (2.5 cm oder 1/3 Fingerlänge)

Frische Tomaten - 3

Tomatenmark - 200 Gramm (1 Tasse)

Frische fettarme Sahne - 200 Gramm (1 Tasse)

Gesalzene Butter - 25 Gramm (1 1/2 Esslöffel)

Salz - nach Geschmack (oder ca. 1 gestrichener Teelöffel)

Zucker - 1/2 Teelöffel

Zubereitung:

Das *Dal* waschen und in den Kocher geben.

Den zerkleinerten Knoblauch und den Ingwer mit den frischen Tomaten und dem Tomatenmark vermischen.

Salz, Zucker und Wasser zugeben.

Den Deckel fest verschließen, den Topf auf den Herd stellen und einen hohen Druck entstehen lassen (der Ventilstift hebt sich und es entsteht das typische Geräusch).

Danach reduzieren Sie die Hitze auf ein Minimum (kleinste Flamme auf dem Gasherd) und lassen den Inhalt weitere 30 Minuten kochen.

Dann schalten Sie den Herd aus, damit der Kocher abkühlen kann und geben die Butter sowie die fettarme Sahne zum *Dal.*

Ohne Deckel einmal aufkochen lassen.

Ihr kalorienarmer *Dal Makhni* ist im Handumdrehen fertig.

Vorbereitungszeit: 7 Minuten

Garzeit: 40 Minuten

Gesamtdauer: 47 Minuten

Anmerkung: Dieses Gericht schmeckt genau wie das berühmte *Dal Bukhara,* das in einem 5*-Hotel in Delhi serviert wird.

Falls Sie doch lieber die Art von *Dal Makhni* probieren möchten, die in Restaurants wie das Moti Mahal zubereitet wird, müssen Sie weitere Sorten Hülsenfrüchte, und zwar *Rajma* (rote Kidneybohnen), *Chana Dal* (gespaltene Kichererbsen) und *Urad Dal* (schwarze Linsen), verwenden. Die Anteile wären: *Urad/Rajma/Chana* - 1/½/½.

Einen spannenden Bericht in englischer Sprache von Vir Sanghvi über den Ursprung dieses berühmten *Dal* finden Sie hier: „The modern dal makhani was invented by Moti Mahal[1]"

1. http://www.virsanghvi.com/Article-Details.aspx?key=451

Kapitel 2: Linsen und andere Hülsenfrüchte mit Reis

DAL GILT SO SEHR als Symbol Indiens, dass fast jede Küche dadurch inspiriert wurde und Linsen sowie andere Hülsenfrüchte immer mehr verarbeitet werden. Als die zoroastrischen Parsen im 7. und 8. Jahrhundert zum ersten Mal nach Indien flohen, trafen Sie auf *Dal,* das in ihrem persischen Heimatland nicht als Grundnahrungsmittel bekannt war. Also kreierten sie ihre eigenen einzigartigen Speisen mit Fleischstücken und Linsen. Daraus resultierte der heute sehr beliebte *Dhansaak.*

Die Mongolen waren in Bezug auf *Dal* nicht weniger experimentierfreudig. Auch in Samarkund oder woher auch immer in Usbekistan sie kamen, war man mit der Speise nicht vertraut, wie Vir Sanghvi postuliert:

„Im 16. und 17. Jahrhundert war das Grundnahrungsmittel der indischen Landarbeiter das Kitchdi, das aus Dal und Reis (oder manchmal aus Hirse) gemacht wurde. Die Mongolen, die an die Pulao-Gerichte Zentralasiens gewohnt waren, waren mit der Zubereitung von Reis mit Dal nicht vertraut. Sie verloren ihr Herz jedoch schnell an Kitchdi. Der Herrscher des Großmongulreiches von Indien, Humayun, verbrachte 15 Jahre im Exil. Wenn er Gäste, darunter auch der Schah von Persien, hatte, mussten seine indischen Köche Kitchdi servieren. Auch Jehangier, ein weiterer Herrscher des Mongulreiches, mochte Kitchdi so sehr, dass er es regelmäßig in seinem Palast verzehrte."

Aber *Khichdi* ist nicht das einzige berühmte Gericht, das aus Reis mit Linsen bzw. anderen Hülsenfrüchten besteht. Es gibt noch seinen südindischen Verwandten, das *Pongal,* und die süße Version, das *Süße Pongal.* Aber auch *Dosas* und *Idlis* sind sehr beliebt.

Nachfolgend habe ich die hausgemachten Varianten von sechs dieser berühmten Mischgerichte aus Reis und Hülsenfrüchten katalogisiert:

Mattar Pulao (Erbsenreis)

Zutaten:

Langkörniger Reis (Basmati) - 1 Tasse

Erbsen - 1/2 Tasse

Zwiebeln (in Scheiben) - 1 (mittelgroß)

Wasser - 2 Tassen

Kreuzkümmelsamen (*Jeera*) - 1/2 Teelöffel

Grüne Kardamomkapseln (*Chhoti Elaichi*) - 2

Zimtstange (*Dalchini*) - ca. 1 1/2 cm

Nelken (*Laung*) - 4

Lorbeerblätter (*Tejpatta*) - 1

Butterschmalz (*Ghee*) - 2 Esslöffel

Salz nach Geschmack

Zucker - 1/4 Teelöffel

Zubereitung:

Den Reis gut waschen (3-4 Mal in einem Gefäß; nicht so stark drücken, dass die Körner brechen) und dann auf einem schrägen Teller 15 - 20 Minuten natürlich trocknen lassen. Das verbessert das Aroma.

Zubereitung im Schnellkochtopf:

Stellen Sie einen Schnellkochtopf auf den Herd und geben Sie das Butterschmalz hinein.

Dünsten Sie dann die Kreuzkümmelsamen zusammen mit Kardamom, Zimt, Nelken und Lorbeerblättern darin an.

Sobald die Zutaten in weniger als einer Minute einen aromatischen Duft abgeben, fügen Sie die Zwiebelscheiben hinzu und lassen diese glasig werden.

Bitte achten Sie darauf, dass die Gewürze nur bräunen und nicht anbrennen, da Ihr Gericht andernfalls komplett verdorben wäre.

Geben Sie die Erbsen hinzu und rühren Sie eine Minute.

Danach den Reis mit dem Salz und dem Zucker zufügen.

Gut umrühren.

Das Wasser hinzugeben.

Schließen Sie den Deckel Ihres Schnellkochtopfs UND entfernen Sie das Gewicht.

Wenn Dampf aus dem Ventil tritt, reduzieren Sie die Wärmezufuhr auf ein Minimum.

Anders gesagt, kochen Sie mit einem Gasherd auf kleinster Flamme.

Warten Sie 10 Minuten und schalten Sie den Herd aus.

Entnehmen Sie den Reis. Ihr Erbsen-*Pulao* ist fertig.

Zubereitung in einer Pfanne/Gefäß mit dickem Boden:

Stellen Sie die Pfanne/Gefäß auf den Herd und geben Sie das Butterschmalz hinein.

Dünsten Sie dann die Kreuzkümmelsamen zusammen mit dem Kardamom, Zimt, Nelken und den Lorbeerblättern darin an.

Sobald die Zutaten in weniger als einer Minute einen aromatischen Duft abgeben, fügen Sie die Zwiebelscheiben hinzu und lassen diese glasig werden.

Bitte achten Sie darauf, dass die Gewürze nur bräunen und nicht anbrennen, da Ihr Gericht andernfalls komplett verdorben wäre.

Geben Sie die Erbsen hinzu und rühren Sie eine Minute.

Danach den Reis mit dem Salz und dem Zucker zufügen.

Gut umrühren.

Das Wasser hinzugeben.

Geben Sie einen dicht schließenden Deckel auf die Pfanne/Gefäß.

Die Wärmezufuhr auf ein Minimum reduzieren.

Anders gesagt, kochen Sie mit einem Gasherd auf kleinster Flamme.

Lassen Sie den Reis 15 - 20 Minuten kochen.

Belassen Sie den Reis weitere 5 Minuten im Gefäß und schalten Sie den Herd aus.

Nun können Sie den Reis entnehmen. Ihr Erbsen-*Pulao* ist fertig.

Vorbereitungszeit: 20 Minuten

Garzeit: 12 Minuten im Schnellkochtopf; 17 - 22 Minuten in einer hohen Pfanne

Gesamtdauer: 32 Minuten im Schnellkochtopf; 37 - 42 Minuten in einer hohen Pfanne

Khichdi (Mischgericht aus Reis, Hülsenfrüchten und Gemüse)

Wörtlich übersetzt bedeutet *Khichdi* „Mischung". Es ist praktisch eine Pflicht, dieses Gericht beim hinduistischen Fest „*Makar Sakranti*", das in ganz Indien und Nepal gefeiert wird, in der einen oder anderen Form anzubieten. Dieses Fest ist in Tamil Nadu als *Pongal*, in Assam als *Bihu*, in Punjab als *Lohri* und in Gujarat als *Uttarayan* bekannt.

Interessanterweise ist dieses Fest eines der wenigen, die genau am 14. Januar begangen werden, wenn die Sonne vom Wendekreis des Steinbocks in den Wendekreis des Krebses tritt; der Frühling und der Beginn der Erntezeit werden verkündet.

Es wird angenommen, dass *Surya* (der Sonnengott) das Haus seines Sohnes *Shani* (Saturn), der Gott des *Makar rashi* (Steinbock) und der Herrscher über Sorgen und Leiden der Menschheit, besucht. Um *Shani* zu besänftigen, kochen viele Inder ihr *Khichdi* an einem Samstag, der auch *Shaniwar* oder der Tag des Gottes *Shani* genannt wird.

Khichdi ist andererseits ein Gericht mit äußerst wertvollem Nährstoffgehalt. Der Reis liefert Kohlenhydrate, die Hülsenfrüchte das Eiweiß und das Gemüse die Vitamine. Außerdem ist die Speise im Handumdrehen zubereitet.

Zutaten:

Reis - 3/4 Tasse

Moong Dal (Bengal Gram) - 1/4 Tasse

Zwiebeln - 1 (gewürfelt)

Ingwer - 1 Stück (2.5 cm oder 1/3 Fingerlänge)

Spinat (nur die Blätter) - 500 Gramm oder 2 Tassen grob gehackt

Erbsen - 100 Gramm (eine halbe Tasse)

Karotten - 2 (in kleine Stücke geschnitten)

Tomaten - 1

Khada (ganz, und nicht gemahlen) *Garam Masala* (grüne Kardamomkapseln - 2, braune Kardamomkapseln - 1, Lorbeerblätter - 2, Zimtstange - ca. 1,5 cm, schwarze Pfefferkörner - 6, Nelken - 4, Kreuzkümmelsamen - 1/2 Teelöffel)

Koriander- (*Dhania*) Pulver - 1 Teelöffel

Rotes Chilipulver (nur zum Abschmecken) - 1/4 Teelöffel (oder mehr für zusätzliche Schärfe)

Kurkuma (*Haldi*) - 1 Teelöffel

Asant (*Hing*) - 1/4 Teelöffel

Ghee (Butterschmalz) - 2 volle Esslöffel

Salz - ca. 1 gestrichener Teelöffel nach Geschmack.

Wasser - 3 Tassen (dies wird Ihrem *Khichdi* eine wässrige Konsistenz verleihen; möchten Sie ihn lieber trockener, fügen Sie anstelle der 3 nur 2 Tassen hinzu.)

Zubereitung:

Den Reis und D*al* waschen und zusammen 5 Minuten auf einem schrägen Teller trocknen lassen.

Zubereitung im Schnellkochtopf:

Stellen Sie einen Schnellkochtopf auf den Herd und geben Sie das Butterschmalz hinein.

Dünsten Sie dann das *Khada Garam Masala* zusammen mit dem Asant darin an.

Sautieren Sie alles, aber NICHT anbrennen lassen.

Nun geben Sie die Zwiebel und den Ingwer hinzu.

2 Minuten anschwitzen lassen und danach die Erbsen sowie die Karotten zufügen.

Gut umrühren.

Jetzt geben Sie noch den grob gehackten Spinat, Kurkuma, Korianderpulver, rotes Chilipulver und Salz hinzu.

Den Reis, *Dal* und die Tomaten zufügen.

Wasser zufügen und gut umrühren, den Deckel mit Gewicht fest verschließen und den Topf auf den Herd stellen und einen hohen Druck entstehen lassen (der Ventilstift hebt sich und es entsteht das typische Geräusch). Schalten Sie den Herd aus, aber lassen Sie den Druck NICHT ab.

Lassen Sie den Schnellkochtopf abkühlen.

Öffnen Sie den Kocher mit dem fertigen *Khichdi.*

Zubereitung in einer Pfanne/Gefäß mit dickem Boden:

Stellen Sie die Pfanne/Gefäß auf den Herd und geben Sie das Butterschmalz hinein.

Fügen Sie dann *Khada Garam Masala* und Asant (*Hing*) hinzu, während das Butterschmalz warm wird.

Sautieren, aber NICHT anbrennen lassen.

Nun die Zwiebel und den Ingwer zugeben.

2 Minuten anschwitzen lassen.

Dann die Erbsen und die Karotten hinzufügen.

Gut umrühren.

Jetzt den grob gehackten Spinat, Kurkuma, Korianderpulver, rotes Chilipulver und Salz in die Pfanne geben.

Reis, D*al* und die Tomaten dazugeben und gut umrühren.

Das Wasser hinzugeben.

Die Pfanne/Gefäß mit einem gut schließenden Deckel versehen.

Die Wärmezufuhr auf ein Minimum reduzieren.

Anders gesagt, kochen Sie mit einem Gasherd auf kleinster Flamme.

Das *Khichdi* 15-20 Minuten kochen lassen.

Stellen Sie den Herd aus und belassen Sie den Reis für weitere 5 Minuten im Kochgefäß.

Ihr *Khichdi* sollte nun fertig sein.

Vorbereitungszeit: 5 Minuten

Garzeit: 10 Minuten im Schnellkochtopf; 20-25 Minuten in einer hohen Pfanne

Gesamtdauer: 15 Minuten im Schnellkochtopf; 25-30 Minuten in einer hohen Pfanne

Pongal

Zutaten:

Reis - 3/4 Tasse

Moong Dal (Bengal Gram) - 1/4 Tasse

Ingwer - 1 Stück (2.5 cm oder 1/3 Fingerlänge)

Kurkuma (*Haldi*) - 1 Teelöffel

Asant (*Hing*) - 1/4 Teelöffel

Ghee (Butterschmalz) - 2 volle Esslöffel

Salz - ca. 1 gestrichener Teelöffel nach Geschmack.

Wasser - 3 Tassen

Zubereitung:

Den Reis und D*al* waschen und zusammen 5 Minuten auf einem schrägen Teller trocknen lassen.

Zubereitung im Schnellkochtopf:

Stellen Sie einen Schnellkochtopf auf den Herd und geben Sie das Butterschmalz hinein.

Fügen Sie den Asant (*Hing*) und den Ingwer hinzu, während das Butterschmalz heiß wird.

Anbräunen, aber NICHT anbrennen.

Nun den Reis, D*al*, Kurkuma und das Salz hinzufügen.

Gut umrühren.

Wasser zufügen und den Deckel mit Gewicht fest verschließen, den Topf auf den Herd stellen und einen hohen Druck entstehen lassen (der Ventilstift hebt sich und es entsteht das typische Geräusch). Schalten Sie den Herd aus, aber lassen Sie den Druck NICHT ab.

Lassen Sie den Schnellkochtopf abkühlen.

Öffnen Sie den Kocher mit dem fertigen *Pongal.*

Zubereitung in einer Pfanne/Gefäß mit dickem Boden:

Stellen Sie die Pfanne/Gefäß auf den Herd und geben Sie das Butterschmalz hinein.

Fügen Sie den Ingwer und Asant (*Hing*) hinzu, während das Butterschmalz heiß wird.

Anbräunen, aber NICHT anbrennen lassen.

Nun den Reis, *Dal*, Kurkuma und Salz zugeben.

Gut umrühren und das Wasser hinzugeben.

Die Pfanne/Gefäß mit einem gut schließenden Deckel versehen.

Die Wärmezufuhr auf ein Minimum reduzieren.

Anders gesagt, kochen Sie mit einem Gasherd auf kleinster Flamme.

Das *Pongal* 15-20 Minuten kochen lassen.

Stellen Sie den Herd aus und belassen Sie den Reis für weitere 5 Minuten im Kochgefäß.

Ihr *Pongal* sollte nun fertig sein.

Vorbereitungszeit: 5 Minuten

Garzeit: 10 Minuten im Schnellkochtopf; 20 - 25 Minuten in einer hohen Pfanne

Gesamtdauer: 15 Minuten im Schnellkochtopf; 25 - 30 Minuten in einer hohen Pfanne

Süßes Pongal

Zutaten:

Reis - 3/4 Tasse

Moong Dal (Bengal Gram) - 1/4 Tasse

Jaggery (oder *Gur*-Rohrzucker) - 1 Tasse

Geröstete Cashewkerne - 2 Esslöffel (goldbraun anrösten und danach würfeln). Zubereitung der gerösteten Kerne: geben Sie ungefähr einen Esslöffel Speiseöl in eine kleine Pfanne. Erhitzen Sie es, geben Sie die Cashewkerne hinein und lassen Sie sie unter ständigem Rühren goldbraun werden. Danach auf einem Teller klein hacken. Falls Sie die Cashewkerne nicht sofort aus der Pfanne nehmen, könnten sie im heißen Öl anbrennen.

Ghee (Butterschmalz) - 2 Esslöffel

Wasser - 3 Tassen

Zubereitung:

Den Reis und D*al* waschen und zusammen 5 Minuten auf einem schrägen Teller trocknen lassen.

Zubereitung im Schnellkochtopf:

Stellen Sie einen Schnellkochtopf auf den Herd und geben Sie das Butterschmalz hinein.

Dünsten Sie dann den Reis und die Hülsenfrüchte darin an.

Gut umrühren.

Wasser zufügen und den Deckel mit Gewicht fest verschließen, den Topf auf den Herd stellen und einen hohen Druck entstehen lassen (der Ventilstift hebt sich und es entsteht das typische Geräusch). Schalten Sie den Herd aus, aber lassen Sie den Druck NICHT ab.

Lassen Sie den Schnellkochtopf abkühlen.

Öffnen Sie den Kocher mit dem fertigen Süßes *Pongal.*

Inzwischen lösen Sie den *Jaggery* mit 1 Tasse Wasser in einer Pfanne auf und lassen ihn aufkochen.

Öffnen Sie den Kocher und geben Sie die Masse danach zusammen mit den gerösteten Cashewkernen hinein.

Gut vermischen.

Ihr Süßes *Pongal* ist fertig.

Zubereitung in einer Pfanne/Gefäß mit dickem Boden:

Stellen Sie die Pfanne/Gefäß auf den Herd und geben Sie das Butterschmalz hinein.

Dünsten Sie dann den Reis und die Hülsenfrüchte darin an.

Gut umrühren.

2 Tassen Wasser zugeben.

Geben Sie einen dicht schließenden Deckel auf die Pfanne/Gefäß.

Die Wärmezufuhr auf ein Minimum reduzieren.

Anders gesagt, kochen Sie mit einem Gasherd auf kleinster Flamme.

Lassen Sie das *Pongal* 15-20 Minuten kochen.

Stellen Sie den Herd aus und belassen Sie den Reis für weitere 5 Minuten im Kochgefäß.

Inzwischen lösen Sie den *Jaggery* mit 1 Tasse Wasser in einer Pfanne auf und lassen ihn aufkochen.

Öffnen Sie den Kocher und geben Sie die Masse danach zusammen mit den gerösteten Cashewkernen hinein.

Gut vermischen.

Ihr Süßer *Pongal* ist fertig.

Vorbereitungszeit: 5 Minuten

Garzeit: 10 Minuten mit a Schnellkochtopf; 20-25 Minuten in einer hohen Pfanne

Gesamtdauer: 15 Minuten mit a Schnellkochtopf; 25-30 Minuten in einer hohen Pfanne

Idlis (gedämpfte Reis- und Linsenkuchen)

Zutaten:

Urad Dal (gespaltene schwarze Linsen) - 1/2 Tasse

Reismehl - 1 Tasse

Poha (flacher Reis) - 1 Esslöffel

Backpulver - 1 gestrichener Teelöffel

Salz - 1/2 Teelöffel

Speiseöl/Butterschmalz zum Einfetten des I*dli*-Dampfeinsatzes.

Zubereitung:

Das U*rad Dal* mind. 4 Stunden einweichen und dann in einem Mixer fein pürieren.

Das Reismehl, *Poha* und ein wenig Wasser zu einem dickflüssigen Teig verarbeiten und wiederum mixen.

Diese Mischung in ein Gefäß geben und 12 bis 24 Stunden je nach Umgebungstemperatur gären (den Teig aufgehen) lassen. Ist es zu kühl, warten Sie bitte 24 Stunden und machen dann weiter.

Vor dem Dämpfen der *Idlis* geben Sie das Salz und das Backpulver hinzu.

Fetten Sie den I*dli*-Dämpfeinsatz ein und geben Sie einen Esslöffel Teig in jede Form.

Bei Gebrauch eines Schnellkochtopfs, geben Sie Wasser bis unter die letzte Form hinzu.

Hängen Sie den *Idli*-Dämpfeinsatz in den Kocher.

Verschließen Sie den Deckel ohne Gewicht.

Danach den Herd anstellen und den Kocher darauf geben.

Sobald Dampf austritt, reduzieren Sie die Wärmezufuhr (kleinste Flamme beim Gasherd) und lassen Sie die *Idlis* ca. 10 - 15 Minuten garen bis sie fest geworden sind und Sie sie leicht aus der Form nehmen können.

Stellen Sie den Herd aus.

Nehmen Sie den *Idli*-Einsatz vom Wasser und schubsen Sie die *Idlis* vorsichtig auf eine Servierplatte.

Sie schmecken hervorragend zu *Sambar* und Kokosnuss-Chutney.

Vorbereitungszeit: Einweichen über Nacht (zzgl. Zerkleinern und Mixen der I*dlis*)

Garzeit: 15 Minuten

Gesamtdauer: Über Nacht + 15 Minuten

Dosa

Zutaten:

Urad Dal (gespaltene schwarze Linsen) - 1 Tasse

Reismehl - 2 Tassen

Salz - 1/2 Teelöffel

Backpulver - 1 Teelöffel

Speiseöl/Butter - 1 Esslöffel pro *Dosa*

Zubereitung:

Das *Urad Dal* über Nacht oder für mind. sechs Stunden in zwei Tassen Wasser einweichen.

Das eingeweichte *Dal* aus dem Wasser nehmen, füllen Sie es in einen Mixer und mixen Sie es mit etwas Wasser gut durch. ES DARF ABER NICHT ZU WÄSSRIG WERDEN.

Der Teig sollte sehr weich sein.

Reismehl und etwas Wasser in diese Mischung geben und wiederum mixen bis ein dickflüssiger Teig von gießfähiger Konsistenz entsteht.

Diese Mischung in ein Gefäß geben und 12 bis 24 Stunden je nach Umgebungstemperatur gären (den Teig aufgehen) lassen. Ist es zu kühl, warten Sie bitte 24 Stunden und machen dann weiter.

Kurz vor dem Backen Salz und Backpulver zugeben.

Nun den Teig gleichmäßig dünn in einer beschichteten Pfanne verteilen.

Auf den Herd stellen und den *Dosa* ausbacken.

Das Öl darauf und ein wenig in die Ecken geben.

Den *Dosa* ohne Wenden braun werden lassen, an den Kanten leicht anheben und aus der Pfanne gleiten lassen.

Auf einem Teller servieren.

Er ist besonders lecker, wenn er gleich verzehrt und mit *Masala* und Kokosnuss-*Chutney* gefüllt wird.

Für eine authentische südindische Erfahrung, können Sie noch *Sambar* zugeben.

Vor dem Ausbacken des nächsten *Dosa* sollte die Pfanne erst abkühlen, ANSONSTEN KÖNNEN SIE DEN TEIG NICHT RICHTIG VERTEILEN.

Reinigen Sie dazu die Pfanne unter kaltem Wasser, bevor Sie mit der Zubereitung von vorn beginnen.

Vorbereitungszeit: Einweichen über Nacht (zzgl. Zerkleinern und Mixen des *Dosa*)

Garzeit: 15 Minuten

Gesamtdauer: Über Nacht + 15 Minuten

Kapitel 3: Hülsenfrüchte in Snacks und Beilagen

HÜLSENFRÜCHTE EIGNEN SICH hervorragend für die Verwendung in salzigen Snacks und Beilagen. Aber auch *Dosas* und *Idlis* sind besonders in Südindien beliebte Snacks. In Nordindien jedoch wird wohl eher einer der heißen *Pakoras* der Begleiter zu Ihrer Tasse dampfenden Tees sein, besonders an einem kühlen regnerischen Tag.

Pakoras (Gemüse-Beignets)

Gemüse-Beignets sind zu jeder Tageszeit und zusammen mit jeder Art Getränk ein beliebter Snack. Für diesen köstlichen Imbiss eignen sich alle Gemüsesorten. Wir stellen nachfolgend sieben der beliebtesten vor.

Zwiebel-Pakoras

Zutaten:

Kichererbsenmehl - 1 Tasse

Reismehl - 1/2 Tasse

Backpulver - 1/2 Teelöffel

Asant (*Hing*) - 1/2 Teelöffel

Korianderpulver - 1 Teelöffel

Kreuzkümmelsamen (*Jeera*) - 1/2 Teelöffel

Kurkuma (*Haldi*) - 1/2 Teelöffel

Rotes Chilipulver - 1/2 Teelöffel

Salz - 1/2 Teelöffel

Wasser - 1 Tasse (ungefähr)

Zwiebeln - 4 (in Scheiben)

Öl zum Frittieren

Zubereitung:

Alle Zutaten bis auf die Zwiebeln gut mischen.

Das Wasser hinzufügen und so lange rühren, bis Sie einen leichten glatten Teig erhalten.

Er sollte eine dünne Konsistenz aufweisen.

Stellen Sie ihn 15 Minuten beiseite. Das Mehl hat damit genug Zeit das Wasser gut zu absorbieren und der Teig wird dickflüssiger.

Falls er zu dick wird, geben Sie noch ein wenig Wasser hinzu und schlagen ihn nochmals auf.

Geben Sie nun die Zwiebeln zum Teig.

Erhitzen Sie das Öl in einer Pfanne oder Wok.

Nun je einen Esslöffel der Mischung mit den Zwiebelscheiben in das heiße Öl geben.

Bitte achten Sie auf die dabei entstehenden Spritzer!

Sie werden bemerken, dass sich die Beignets aufblähen.

Drehen Sie sie vorsichtig um und nehmen Sie sie aus dem Öl wenn sie eine schöne goldbraune Farbe aufweisen.

Legen Sie die Beignets auf einen Teller mit einer Papierserviette, die das überschüssige Öl aufgesaugt.

Wiederholen Sie den Vorgang, bis alle Beignets/P*akoras* ausgebacken wurden.

Genießen Sie die Beignets mit einem beliebigen C*hutney*; besonders mit dem Minz-C*hutney*.

Vorbereitungszeit: 20 Minuten

Garzeit: 3 Minuten pro Portion

Gesamtdauer: ungefähr 30 Minuten

Paneer Pakoras (Beignets aus indischem Paneerkäse)

Zutaten:

Kichererbsenmehl - 1 Tasse

Reismehl - 1/2 Tasse

Backpulver - 1/2 Teelöffel

Asant (*Hing*) - 1/2 Teelöffel

Korianderpulver - 1 Teelöffel

Kreuzkümmelsamen (*Jeera*) - 1/2 Teelöffel

Kurkuma (*Haldi*) - 1/2 Teelöffel

Rotes Chilipulver - 1/2 Teelöffel

Salz - 1/2 Teelöffel

Wasser - 1 Tasse (ungefähr)

Paneer (aus indischem Paneerkäse) - 300 Gramm (1 Tasse)

Öl zum Frittieren

Alle Zutaten bis auf den *Paneer* gut vermischen.

Zubereitung:

Das Wasser hinzufügen und so lange rühren, bis Sie einen leichten glatten Teig erhalten.

Er sollte eine dünne Konsistenz aufweisen.

Stellen Sie ihn mind. 15 Minuten beiseite. Das Mehl hat damit genug Zeit das Wasser gut zu absorbieren und der Teig wird dickflüssiger.

Falls er zu dick wird, geben Sie noch ein wenig Wasser hinzu und schlagen ihn nochmals auf.

Schneiden Sie den P*aneer* in mundgerechte Stücke und geben sie ihn zum Teig.

Erhitzen Sie das Öl in einer Pfanne oder Wok.

Nun je einen Esslöffel der Mischung mit dem *Paneer* in das heiße Öl geben.

Bitte achten Sie auf die dabei entstehenden Spritzer!

Sie werden bemerken, dass sich die Beignets aufblähen.

Drehen Sie sie vorsichtig um und nehmen Sie sie aus dem Öl sobald sie eine schöne goldbraune Farbe aufweisen.

Legen Sie die Beignets auf einen Teller mit einer Papierserviette, die das überschüssige Öl aufsaugt.

Wiederholen Sie den Vorgang, bis alle Beignets/P*akoras* ausgebacken wurden.

Genießen Sie die Beignets mit einem beliebigen C*hutney*.

Vorbereitungszeit: 20 Minuten

Garzeit: 3 Minuten pro Portion

Gesamtdauer: ungefähr 30 Minuten

Palak Pakoras (Spinat-Beignets)

Zutaten:

Kichererbsenmehl - 1 Tasse

Reismehl - 1/2 Tasse

Backpulver - 1/2 Teelöffel

Asant (*Hing*) - 1/2 Teelöffel

Korianderpulver - 1 Teelöffel

Kreuzkümmelsamen (*Jeera*) - 1/2 Teelöffel

Kurkuma (*Haldi*) - 1/2 Teelöffel

Rotes Chilipulver - 1/2 Teelöffel

Salz - 1/2 Teelöffel

Wasser - 1 Tasse (ungefähr)

Spinat (nur die Blätter) - 300 Gramm (1 Tasse)

Öl zum Frittieren

Zubereitung:

Alle Zutaten bis auf den Spinat gut vermischen.

Das Wasser hinzufügen und so lange rühren, bis Sie einen leichten glatten Teig erhalten.

Er sollte eine dünne Konsistenz aufweisen.

Stellen Sie ihn 15 Minuten beiseite. Das Mehl hat damit genug Zeit das Wasser gut zu absorbieren und der Teig wird dickflüssiger.

Falls er zu dick wird, geben Sie noch ein wenig Wasser hinzu und schlagen ihn nochmals auf.

Geben Sie nun den Spinat zum Teig.

Erhitzen Sie das Öl in einer Pfanne oder Wok.

Nun je einen Esslöffel der Mischung mit einem Spinatblatt in das heiße Öl geben.

Bitte achten Sie auf die dabei entstehenden Spritzer!

Sie werden bemerken, dass sich die Beignets aufblähen.

Drehen Sie sie vorsichtig um und nehmen Sie sie aus dem Öl sobald sie eine schöne goldbraune Farbe aufweisen.

Legen Sie die Beignets auf einen Teller mit einer Papierserviette, die das überschüssige Öl aufsaugt.

Wiederholen Sie den Vorgang, bis alle Beignets/P*akoras* ausgebacken wurden.

Genießen Sie die Beignets mit einem beliebigen C*hutney*.

Vorbereitungszeit: 20 Minuten

Garzeit: 3 Minuten pro Portion

Gesamtdauer: ungefähr 30 Minuten

Gobi Pakoras (Blumenkohl-Beignets)

Zutaten:

Kichererbsenmehl - 1 Tasse

Reismehl - 1/2 Tasse

Backpulver - 1/2 Teelöffel

Asant (*Hing*) - 1/2 Teelöffel

Korianderpulver - 1 Teelöffel

Kreuzkümmelsamen (*Jeera*) - 1/2 Teelöffel

Kurkuma (*Haldi*) - 1/2 Teelöffel

Rotes Chilipulver - 1/2 Teelöffel

Salz - 1/2 Teelöffel

Wasser - 1 Tasse (ungefähr)

Blumenkohl - 1 (Röschen in mundgerechten Stücken)

Öl zum Frittieren

Zubereitung:

Alle Zutaten bis auf den Blumenkohl, gut vermischen.

Das Wasser hinzufügen und so lange rühren, bis Sie einen leichten glatten Teig erhalten.

Er sollte eine dünne Konsistenz aufweisen.

Stellen Sie ihn 15 Minuten beiseite. Das Mehl hat damit genug Zeit das Wasser gut zu absorbieren und der Teig wird dickflüssiger.

Falls er zu dick wird, geben Sie noch ein wenig Wasser hinzu und schlagen ihn nochmals auf.

Geben Sie nun den Blumenkohl zum Teig.

Erhitzen Sie das Öl in einer Pfanne oder in einem Wok.

Nun je einen Esslöffel der Mischung mit dem Blumenkohl in das heiße Öl geben.

Bitte achten Sie auf die dabei entstehenden Spritzer!

Sie werden bemerken, dass sich die Beignets aufblähen.

Drehen Sie sie vorsichtig um und nehmen Sie sie aus dem Öl sobald sie eine schöne goldbraune Farbe aufweisen.

Legen Sie die Beignets auf einen Teller mit einer Papierserviette, die das überschüssige Öl aufsaugt.

Wiederholen Sie den Vorgang, bis alle Beignets/P*akoras* ausgebacken wurden.

Genießen Sie die Beignets mit einem beliebigen C*hutney*.

Vorbereitungszeit: 20 Minuten

Garzeit: 3 Minuten pro Portion

Gesamtdauer: ungefähr 30 Minuten

Baingan Pakoras (Auberginen-Beignets)

Zutaten:

Kichererbsenmehl - 1 Tasse

Reismehl - 1/2 Tasse

Backpulver - 1/2 Teelöffel

Asant (*Hing*) - 1/2 Teelöffel

Korianderpulver - 1 Teelöffel

Kreuzkümmelsamen (*Jeera*) - 1/2 Teelöffel

Kurkuma (*Haldi*) - 1/2 Teelöffel

Rotes Chilipulver - 1/2 Teelöffel

Salz - 1/2 Teelöffel

Wasser - 1 Tasse (ungefähr)

Große runde Auberginen - 2 (in dünnen Scheiben)

Öl zum Frittieren

Zubereitung:

Alle Zutaten bis auf die Auberginen gut vermischen.

Das Wasser hinzufügen und so lange rühren, bis Sie einen leichten glatten Teig erhalten.

Er sollte eine dünne Konsistenz aufweisen.

Stellen Sie ihn 15 Minuten beiseite. Das Mehl hat damit genug Zeit das Wasser gut zu absorbieren und der Teig wird dickflüssiger.

Falls er zu dick wird, geben Sie noch ein wenig Wasser hinzu und schlagen ihn nochmals auf.

Geben Sie nun die Auberginen zum Teig.

Erhitzen Sie das Öl in einer Pfanne oder in einem Wok.

Nun je einen Esslöffel der Mischung mit den Auberginen in das heiße Öl geben.

Bitte achten Sie auf die dabei entstehenden Spritzer!

Sie werden bemerken, dass sich die Beignets aufblähen.

Drehen Sie sie vorsichtig um und nehmen Sie sie aus dem Öl sobald sie eine schöne goldbraune Farbe aufweisen.

Legen Sie die Beignets auf einen Teller mit einer Papierserviette, die das überschüssige Öl aufsaugt.

Wiederholen Sie den Vorgang, bis alle Beignets/P*akoras* ausgebacken wurden.

Genießen Sie die Beignets mit einem beliebigen C*hutney*.

Vorbereitungszeit: 20 Minuten

Garzeit: 3 Minuten pro Portion

Gesamtdauer: ungefähr 30 Minuten

Aloo Pakoras (Kartoffel-Beignets)

Zutaten:

Kichererbsenmehl - 1 Tasse

Reismehl - 1/2 Tasse

Backpulver - 1/2 Teelöffel

Asant (*Hing*) - 1/2 Teelöffel

Korianderpulver - 1 Teelöffel

Kreuzkümmelsamen (*Jeera*) - 1/2 Teelöffel

Kurkuma (*Haldi*) - 1/2 Teelöffel

Rotes Chilipulver - 1/2 Teelöffel

Salz - 1/2 Teelöffel

Wasser - 1 Tasse (ungefähr)

Kartoffeln - 4 (in dünne Scheiben geschnitten)

Öl zum Frittieren

Zubereitung:

Alle Zutaten bis auf die Kartoffeln, gut vermengen.

Das Wasser hinzufügen und so lange rühren, bis Sie einen leichten glatten Teig erhalten.

Er sollte eine dünne Konsistenz aufweisen.

Stellen Sie ihn 15 Minuten beiseite. Das Mehl hat damit genug Zeit das Wasser gut zu absorbieren und der Teig wird dickflüssiger.

Falls er zu dick wird, geben Sie noch ein wenig Wasser hinzu und schlagen ihn nochmals auf.

Geben Sie nun die Kartoffeln zum Teig.

Erhitzen Sie das Öl in einer Pfanne oder in einem Wok.

Nun je einen Esslöffel der Mischung mit den Kartoffeln in das heiße Öl geben.

Bitte achten Sie auf die dabei entstehenden Spritzer!

Sie werden bemerken, dass sich die Beignets aufblähen.

Drehen Sie sie vorsichtig um und nehmen Sie sie aus dem Öl sobald sie eine schöne goldbraune Farbe aufweisen.

Legen Sie die Beignets auf einen Teller mit einer Papierserviette, die das überschüssige Öl aufsaugt.

Wiederholen Sie den Vorgang, bis alle Beignets/P*akoras* ausgebacken wurden.

Genießen Sie die Beignets mit einem beliebigen C*hutney*.

Vorbereitungszeit: 20 Minuten

Garzeit: 3 Minuten pro Portion

Gesamtdauer: ungefähr 30 Minuten

Lauki Pakoras (Flaschenkürbis-Beignets)

Zutaten:

Kichererbsenmehl - 1 Tasse

Reismehl - 1/2 Tasse

Backpulver - 1/2 Teelöffel

Asant (*Hing*) - 1/2 Teelöffel

Korianderpulver - 1 Teelöffel

Kreuzkümmelsamen (*Jeera*) - 1/2 Teelöffel

Kurkuma (*Haldi*) - 1/2 Teelöffel

Rotes Chilipulver - 1/2 Teelöffel

Salz - 1/2 Teelöffel

Wasser - 1 Tasse (ungefähr)

Lauki (Flaschenkürbis) - 1 (in dünnen Scheiben)

Öl zum Frittieren

Zubereitung:

Alle Zutaten bis auf den Flaschenkürbis gut vermischen.

Das Wasser hinzufügen und so lange rühren, bis Sie einen leichten glatten Teig erhalten.

Er sollte eine dünne Konsistenz aufweisen.

Stellen Sie ihn 15 Minuten beiseite. Das Mehl hat damit genug Zeit das Wasser gut zu absorbieren, und der Teig wird dickflüssiger.

Falls er zu dick wird, geben Sie noch ein wenig Wasser hinzu und schlagen ihn nochmals auf.

Dann den Kürbis zugeben.

Erhitzen Sie das Öl in einer Pfanne oder in einem Wok.

Nun je einen Esslöffel der Mischung mit dem Kürbis in das heiße Öl geben.

Bitte achten Sie auf die dabei entstehenden Spritzer!

Sie werden bemerken, dass sich die Beignets aufblähen.

Drehen Sie sie vorsichtig um und nehmen Sie sie aus dem Öl, wenn sie eine schöne goldbraune Farbe aufweisen.

Legen Sie die Beignets auf einen Teller mit einer Papierserviette, die das überschüssige Öl aufsaugt.

Wiederholen Sie den Vorgang, bis alle Beignets/P*akoras* ausgebacken wurden.

Genießen Sie die Beignets mit einem beliebigen C*hutney*.

Vorbereitungszeit: 20 Minuten

Garzeit: 3 Minuten pro Portion

Gesamtdauer: ungefähr 30 Minuten

Vadas (Gebratene Linsenkuchen)

Zutaten:

Urad Dal Ddhuli (gespaltene und gewaschene schwarze Linsen) - 1 Tasse

Backpulver - 1 gestrichener Teelöffel

Asant (*Hing*) - ½ Teelöffel

Zerkleinerter Ingwer (frisch) - 1 Teelöffel

Kreuzkümmelpulver - ½ Teelöffel

Salz - 1/2 Teelöffel

Speiseöl zum Frittieren

Zubereitung:

Lassen Sie das U*rad Dal* mind. 4 Stunden einweichen.

Geben Sie es dann zusammen mit den anderen Zutaten, jedoch ohne Öl, in einen Mixer/Küchenmaschine und pürieren Sie es zu einer feinen Paste.

Geben Sie nur einen oder zwei Esslöffel Wasser hinzu um das Mixen zu erleichtern.

Wenn Sie zu viel Wasser zugeben, werden Ihre *Vadas* im heißen Öl zerlaufen.

Nun das Öl in einem kleinen Wok erhitzen.

Da Sie frittieren möchten, sollte der Wok zur Hälfte mit Öl gefüllt sein.

Befeuchten Sie Ihre Hände in einer Schüssel mit Wasser.

Geben Sie einen Teelöffel der Paste in Ihre Hände und drücken Sie mit Ihrem Finger ein kleines Loch in die Mitte.

Danach vorsichtig in das heiße Öl gleiten lassen. Bitte passen Sie auf, dass Sie nicht mit dem sprudelndem Fett in Berührung kommen.

Den *Vada* von einer Seite garen lassen, leicht auf die andere Seite schnipsen und diese ebenfalls garen lassen.

Abhängig von der Größe Ihres Woks, sollten Sie nicht mehr als 2-3 *Vadas* auf einmal frittieren.

Sobald die *Vadas* eine goldbraune Farbe aufweisen, nehmen Sie sie aus dem Fett und legen Sie sie auf einen Teller mit einer Papierserviette, die das überschüssige Öl aufsaugt.

Genießen Sie sie mit *Sambar* und *Chutney*.

Zubereitungszeit: 7 Minuten (neben der Einweichzeit)

Garzeit: 2 Minuten pro *Vada*; ca. 20 Minuten für zehn *Vadas*.

Gesamtdauer: 27 Minuten

Maddur Vadas (gebratene Kichererbsen-Linsenkuchen)

Zutaten:

Chana Dal (gespaltene Kichererbsen) - 1 Tasse

Backpulver - 1 gestrichener Teelöffel

Asant (*Hing*) - ½ Teelöffel

Entkernte grüne Chilischoten - 1 (gewürfelt)

Zwiebel - 1 (gewürfelt)

Kreuzkümmelsamen - ½ Teelöffel

Curryblätter - 10-12 Stück

Salz - 1/2 Teelöffel (nach Geschmack)

Speiseöl zum Frittieren

Zubereitung:

Chana Dal mindestens 4 Stunden einweichen.

Geben Sie es dann in einen Mixer/Küchenmaschine und pürieren Sie es zu einer groben Paste.

Geben Sie sie dann zusammen mit den anderen Zutaten, jedoch ohne Öl, in eine Schüssel.

Gut mischen.

Nun das Öl in einem kleinen Wok erhitzen.

Da Sie frittieren möchten, sollte der Wok zur Hälfte mit Öl gefüllt sein.

Geben Sie einen Teelöffel der Paste in Ihre Hände und formen Sie ein kleines Pastetchen.

Danach vorsichtig in das heiße Öl gleiten lassen. Bitte passen Sie auf, dass Sie nicht mit dem sprudelndem Fett in Berührung kommen.

Den *Maddur Vada* von einer Seite garen lassen, leicht auf die andere Seite schnipsen und diese ebenfalls garen lassen.

Abhängig von der Größe Ihres Woks, sollten Sie nicht mehr als 2-3 *Vadas* auf einmal frittieren.

Wenn die *Vadas* eine goldbraune Farbe aufweisen, nehmen Sie sie aus dem Fett und legen Sie sie auf einen Teller mit einer Papierserviette, die das überschüssige Öl aufsaugt.

Passt gut zu Kokosnuss-C*hutney*.

Vorbereitungszeit: 7 Minuten (neben der Einweichzeit)

Garzeit: 2 Minuten pro V*ada*; ungefähr 20 Minuten für zehn V*adas*

Gesamtdauer: 27 Minuten

Dahi Vadas (gebratene Linsenkuchen in einer Joghurtsoße)

Zutaten für die Vadas:

Urad Dal Dhuli (gespaltene und gewaschene schwarze Linsen) - 1 Tasse

Backpulver - 1 gestrichener Teelöffel

Asant (*Hing*) - ½ Teelöffel

Zerkleinerter Ingwer (frisch) - 1 Teelöffel

Kreuzkümmelpulver - ½ Teelöffel

Salz - 1/2 Teelöffel

Speiseöl zum Frittieren

Zutaten für die Joghurtsoße:

Joghurt - 500 Gramm (2 Tassen)

Schwarzsalz- 1/4 Teelöffel

Kreuzkümmelsamen (vorgeröstet und gemahlen) - 1 Teelöffel

Frische Korianderblätter- 2 Esslöffel (gehackt)

Frischer Ingwer- 1 Esslöffel (gewürfelt)

Entkernte grüne Chilischoten - 1 (gewürfelt)

Gewöhnliches Salz - 1 Teelöffel

Zucker - 3 Esslöffel

Zubereitung der Vadas:

Das U*rad Dal mind.* 4 Stunden einweichen lassen.

Geben Sie es dann zusammen mit den anderen Zutaten, jedoch ohne Öl, in einen Mixer/Küchenmaschine und pürieren Sie es zu einer feinen Paste.

Geben Sie einen oder zwei Esslöffel Wasser hinzu, aber NUR, um das Mixen zu erleichtern.

Wenn Sie zu viel Wasser zugeben, werden Ihre *Vadas* im heißen Öl zerlaufen.

Nun erhitzen Sie das Öl in einem kleinen Wok.

Da Sie frittieren möchten, sollte der Wok zur Hälfte mit Öl gefüllt sein.

Befeuchten Sie Ihre Hände in einer Schüssel mit Wasser.

Geben Sie einen Teelöffel der Paste in Ihre Hände und drücken Sie mit Ihrem Finger ein kleines Loch in die Mitte.

Danach vorsichtig in das heiße Öl gleiten lassen. Bitte passen Sie auf, dass Sie nicht mit dem sprudelndem Fett in Berührung kommen.

Den *Vada v*on einer Seite garen lassen, leicht auf die andere Seite schnipsen und diese ebenfalls garen lassen.

Abhängig von der Größe Ihres Woks, sollten Sie nicht mehr als 2-3 *Vadas* auf einmal frittieren.

Wenn die *Vadas* eine goldbraune Farbe aufweisen, nehmen Sie sie aus dem Fett und geben Sie sie in eine Schüssel mit frischem Wasser um das überschüssige Öl zu entfernen.

Pressen Sie dann vorsichtig das Wasser aus den *Vadas* und geben Sie sie in eine tiefe Servierschüssel. Anschließend werden sie von der Joghurtsoße bedeckt, die wir jetzt herstellen werden.

Zubereitung der Joghurtsoße:

Schlagen Sie den Joghurt zusammen mit dem Schwarzsalz, dem Salz, Zucker und dem Kreuzkümmel-Pulver in einer Schüssel auf.

Schütten Sie die Soße über die *Vadas* in der Servierschüssel.

Dann noch mit Koriander, Ingwer und dem grünen Chili bestreuen.

Das war's.

Ihre *Dahi Vadas* sind fertig.

Vorbereitungszeit für die *Vadas*: 7 Minuten (neben der Einweichzeit)

Garzeit: 2 Minuten pro V*ada*; ungefähr 20 Minuten für zehn V*adas*

Vorbereitungszeit für die Joghurtsoße: 5 Minuten

Garzeit: keine

Gesamtdauer: 32 Minuten

Kokosnuss-Chutney

Zutaten:

Frische oder getrocknete Kokosnuss - 1

Geröstetes *Chana Dal* (gespaltene Kichererbsen) - 1/2 Tasse

Zwiebel, klein - 1/2

Knoblauch - 6 Zehen

Ingwer - 1 Stück (2-3 cm)

Grüne Chilischote - 1, nur zum Abschmecken (und nicht für die Schärfe)

Butterschmalz (*Ghee*) - 1 Esslöffel

Schwarzer Senfsamen (*Rai*) - 1 Teelöffel

Curryblätter - 10 - 12 Stück

Salz nach Geschmack

Zucker - 1/2 Teelöffel

Joghurt - 1/2 Tasse

Milch - 1 Tasse

Zubereitung:

Zerkleinern Sie Kokosnuss, *Dal,* Zwiebel, Knoblauch, Ingwer und die grüne Chilischote in einem Mixer

Den Joghurt, das Salz und den Zucker zufügen, sobald die Mischung schon ein wenig zerkleinert ist.

Dann langsam die Milch zugeben, bis ein dicker Teig entsteht.

Sollte Ihr *Chutney* zu dickflüssig werden, geben Sie mehr Milch hinzu, bis die gewünschte Konsistenz erreicht ist.

Geben Sie das *Chutney* in eine Servierschüssel.

Lassen Sie den schwarzen Senfsamen und die Curryblätter im heißen *Ghee* in einer Pfanne anbrutzeln.

Dem Kokosnuss-*Chutney* zugeben.

Falls Sie keine Curryblätter bekommen können, kann auch nur der schwarze Senfsamen den gewünschten Geschmack ergeben.

Dieses C*hutney* ist eine hervorragende Beilage zu D*osa*, I*dlis* und jedem anderen südindischen Mischgericht.

Vorbereitungszeit: 7 Minuten

Garzeit: 1 Minute zum Temperieren

Gesamtdauer: 8 Minuten

Kapitel 4: Kebabs aus Hülsenfrüchten

HABEN SIE JEMALS beim Anblick der köstlichen *Shami-Kebabs* darüber nachgedacht, wie Sie anstelle von Hühner- oder Hammelfleisch vegetarische Zutaten verwenden könnten?

Keine Angst, ich habe die Lösung für Sie.

Wussten Sie schon, dass Sie Hülsenfrüchte für die Zubereitung eines ähnlich aussehenden Kebabs verwenden können?

Diese Kebabs ähneln sich nicht nur vom Aussehen, sondern sie werden Sie auch in Bezug auf den Geschmack täuschen. Das bedeutet, dass man einen Fleischkebab nicht von einem vegetarischen Kebab unterscheiden kann.

Hara Bhara Kebab (saftiger grüner Kebab)

Zutaten:

Erbsen - 1 Tasse

Chana Dal (gespaltene Kichererbsen) - 1/2 Tasse (mind. 4 Stunden in Wasser eingeweicht)

Gewürfelter Knoblauch - 4 Zehen

Gewürfelter Ingwer - 1 Stück (2-3 cm)

Garam Masala (Mischung gängiger indischer Gewürze) - 1/2 Teelöffel

Tipp: Falls Sie im indischen Laden keine fertige G*aram Masala*-Mischung bekommen, können Sie sie leicht selbst herstellen. Dazu zerstoßen Sie schwarzen Kardamom - 1 Kapsel, grünen Kardamom - 3 Kapseln, 4 Nelken sowie ein Stück Zimtstange (2-3 cm) und mischen alles zusammen.

Rotes Chilipulver - 1/4 Teelöffel

Salz nach Geschmack

Speiseöl - 2 Esslöffel

Zubereitung:

Geben Sie einen 1/2 Esslöffel Öl in einen Wok und stellen Sie ihn auf den Herd.

Rösten Sie nun den zerkleinerten Knoblauch und Ingwer im heißen Fett 1 Minute an.

Fügen Sie die grünen Erbsen und das eingeweichte *Chana Dal* (gespaltene Kichererbsen) ohne das Wasser hinzu.

Gut umrühren.

Nun würzen Sie mit G*aram Masala*, mit rotem Chilipulver und fügen Salz nach Geschmack hinzu.

Die Wärmezufuhr reduzieren und den Wok abdecken. Kochen Sie die gespaltenen Kichererbsen, bis sie weich, aber nicht verkocht sind. Ansonsten werden die Kebabs nicht sehr gut gelingen.

Den Herd ausstellen und die Mischung in einem Grinder zerkleinern.

Formen Sie aus dieser Mischung kleine Bratlinge und stellen Sie sie beiseite.

Geben Sie das restliche Speiseöl in eine beschichtete Pfanne und stellen Sie sie auf den Herd.

Danach braten Sie sie im heißen Öl von beiden Seiten an.

Ihr *Hara Bhara* Kebab (saftiger grüner Kebab) ist fertig.

Vorbereitungszeit: 5 Minuten (neben der vier Stunden Einweichzeit für die gespaltenen Kichererbsen)

Garzeit: 15 Minuten

Gesamtdauer: 20 Minuten

Spinat-Kebab

Zutaten:

Gehackter Spinat - 2 Tassen

Chana Dal (gespaltene Kichererbsen) - 1/2 Tasse (mind. 4 Stunden in Wasser eingeweicht)

Gewürfelter Knoblauch - 4 Zehen

Gewürfelter Ingwer - 2-3 cm

Garam Masala (Mischung gängiger indischer Gewürze) - 1/2 Teelöffel

Tipp: Falls Sie im indischen Laden keine fertige G*aram Masala*-Mischung bekommen, können Sie sie leicht selbst herstellen. Dazu zerstoßen Sie schwarzen Kardamom - 1 Kapsel, grünen Kardamom - 3 Kapseln, 4 Nelken sowie ein Stück Zimtstange (2-3 cm) und mischen alles zusammen.

Rotes Chilipulver - 1/4 Teelöffel

Salz nach Geschmack

Speiseöl - 2 Esslöffel

Zubereitung:

Geben Sie 1/2 Esslöffel Speiseöl in einen Wok und stellen Sie ihn auf den Herd.

Sobald das Öl heiß wird, geben Sie den zerkleinerten Knoblauch und Ingwer hinzu und lassen beides 1 Minuten anrösten.

Nun auch den gehackten Spinat und das eingeweichte *Chana Dal* (gespaltene Kichererbsen) ohne das Einweichwasser hineingeben.

Gut umrühren.

Jetzt können Sie mit *Garam Masala*, rotem Chilipulver und Salz nach Geschmack würzen.

Die Wärmezufuhr reduzieren und den Wok abdecken. Kochen Sie den Spinat und die gespaltenen Kichererbsen, bis sie weich, aber nicht verkocht sind. Ansonsten werden die Kebabs nicht sehr gut gelingen.

Den Herd ausstellen und die Mischung in einem Grinder zerkleinern.

Formen Sie aus dieser Mischung kleine Bratlinge und stellen Sie sie beiseite.

Geben Sie das restliche Speiseöl in eine beschichtete Pfanne und stellen Sie sie auf den Herd.

Danach braten Sie sie im heißen Öl von beiden Seiten an.

Ihr Spinat-Kebab ist fertig.

Vorbereitungszeit: 5 Minuten (neben der vier Stunden Einweichzeit für die gespaltenen Kichererbsen)

Garzeit: 15 Minuten

Gesamtdauer: 20 Minuten

Soja-Kebab

Zutaten:

Soja - 1 Tasse (15 Minuten in Wasser eingeweicht)

Chana Dal (gespaltene Kichererbsen) - 1/2 Tasse (mind. 4 Stunden in Wasser eingeweicht)

Gewürfelter Knoblauch - 4 Zehen

Gewürfelter Ingwer - 1 Stück (2-3 cm)

Garam Masala (Mischung bekannt indischer Gewürze) - 1/2 Teelöffel

Tipp: Falls Sie im indischen Laden keine fertige G*aram Masala*-Mischung bekommen, können Sie sie leicht selbst herstellen. Dazu zerstoßen Sie schwarzen Kardamom - 1 Kapsel, grünen Kardamom - 3 Kapseln, 4 Nelken sowie ein Stück Zimtstange (2-3 cm) und mischen alles zusammen.

Rotes Chilipulver - 1/4 Teelöffel

Salz nach Geschmack

Speiseöl - 2 Esslöffel

Zubereitung:

Geben Sie 1/2 Esslöffel Speiseöl in einen Wok und stellen Sie ihn auf den Herd.

Sobald das Öl heiß wird, geben Sie den zerkleinerten Knoblauch und Ingwer hinzu und lassen beides 1 Minute anrösten.

Nun auch das Soja und das eingeweichte *Chana Dal* (gespaltene Kichererbsen) beide ohne das Einweichwasser hineingeben.

Gut umrühren.

Jetzt können Sie mit *Garam Masala*, rotem Chilipulver und Salz nach Geschmack würzen.

Die Wärmezufuhr reduzieren und den Wok abdecken. Kochen Sie die gespaltenen Kichererbsen, bis sie weich, aber nicht verkocht sind. Ansonsten werden die Kebabs nicht sehr gut gelingen.

Den Herd ausstellen und die Mischung in einem Grinder zerkleinern.

Formen Sie aus dieser Mischung kleine Bratlinge und stellen Sie sie beiseite.

Geben Sie das restliche Speiseöl in eine beschichtete Pfanne und stellen Sie sie auf den Herd.

Danach braten Sie sie im heißen Öl von beiden Seiten an.

Ihr Soja-Kebab ist fertig.

Vorbereitungszeit: 5 Minuten (neben der vier Stunden Einweichzeit für die gespaltenen Kichererbsen)

Garzeit: 15 Minuten

Gesamtdauer: 20 Minuten

Kapitel 5: Hülsenfrüchte mit Vollkornweizen

Haben Sie schon einmal vom berühmten indischen Paratha gehört?

DIESE FRITTIERTEN BROTE gibt es in verschiedenen Größen und Formen und variieren außerdem ein wenig von Region zu Region. Im ostindischen Staat Bihar werden diese *Parathas* traditionell mit Erbsen, geröstetem Kichererbsenmehl (auch bekannt als *Sattu*) oder gespaltenen Kichererbsen (*Chana Dal*) gefüllt.

Dal Bhara Paratha (Parathas, gefüllt mit gespaltenen Kichererbsen)

Zutaten:

Für die Parathas:

Weizen-Vollkornmehl - 3 Tassen (ausreichend für 5 P*arathas*)

Salz - 1/2 Teelöffel

Speiseöl - 1 Esslöffel

Lauwarmes Wasser - 1 Tasse

Speiseöl oder Butterschmalz (*Ghee*) zum Anrösten der *Parathas*; Sie sollten *Ghee* für einen authentischen Geschmack vorziehen.

Für die Füllung:

Chana Dal (gespaltene Kichererbsen) - 1/2 Tasse

Speiseöl - 1 Teelöffel

Kreuzkümmelsamen - 1/2 Teelöffel

Fein gewürfelter Ingwer - 1/2 Teelöffel

*Garam Masala-Pulv*er - 1/4 Teelöffel

Tipp: Falls Sie im indischen Laden keine fertige G*aram Masala*-Mischung bekommen, können Sie sie leicht selbst herstellen. Dazu zerstoßen Sie schwarzen Kardamom - 1

Kapsel, grünen Kardamom - 3 Kapseln, 4 Nelken sowie ein Stück Zimtstange (2-3 cm) und mischen alles zusammen.

Rotes Chilipulver - 1/4 Teelöffel

Salz nach Geschmack

Zubereitung:

Lassen Sie die gespaltenen Kichererbsen mind. 4 Stunden einweichen.

Vermischen Sie das Weizenmehl, Salz und einen Esslöffel Speiseöl in einer Rührschüssel.

Nun stellen Sie unter Zugabe von Wasser einen festen Teig her.

Abdecken und 1/2 Stunde beiseite stellen.

Währenddessen geben Sie das Speiseöl in einen Wok und stellen ihn auf den Herd.

Sobald das Öl heiß wird, fügen Sie den Kreuzkümmel hinzu.

Lassen Sie ihn für ein paar Sekunden anbrutzeln. Bitte achten Sie darauf, dass der Kreuzkümmel nur bräunt und nicht anbrennt. Jetzt den gewürfelten Ingwer dazugeben und die eingeweichten Kichererbsen ohne Wasser zufügen.

Reduzieren Sie die Wärmezufuhr/Flamme auf ein Minimum und geben Sie Salz, *Garam Masala* und rotes Chilipulver hinzu.

Zugedeckt ungefähr 5 Minuten kochen lassen, bis die Kichererbsen weich, aber nicht verkocht sind.

Falls Sie die Kichererbsen zu lange kochen, werden sie matschig und sind damit ungeeignet für die Füllung.

Stellen Sie den Herd aus und verarbeiten Sie die Kichererbsen in einem Mixer zu einem feinen Brei.

Nun nehmen Sie ein walnussgroßes Teigstück und formen es zu einer Kugel.

Drücken Sie es platt, bis es die Form einer Frikadelle aufweist und geben Sie einen Esslöffel der Kichererbsenmischung darauf.

Schließen Sie die Frikadelle von allen Seiten, sodass sich die Mischung in der Mitte befindet und rundherum mit Teig bedeckt ist.

Formen Sie das Ganze nun wiederum vorsichtig mit Ihren Händen zu einer Kugel und bestäuben Sie sie mit Mehl.

Diese rollen Sie dann mit einer Teigrolle leicht aus, bis sie schön rund und flach ist.

Bitte achten Sie beim Ausrollen darauf, dass die Kichererbsen mit Teig bedeckt bleiben.

Stellen Sie eine gusseiserne Pfanne auf Ihren Herd.

Geben Sie das *Paratha* wenn die Pfanne heiß wird, sofort hinein.

Reduzieren Sie die Wärmezufuhr /Flamme auf mittlere Hitze und lassen Sie das *Paratha* auf einer Seite backen.

Drehen Sie es um und backen Sie es auf der anderen Seite.

Nehmen Sie einen Teelöffel Öl/*Ghee* und reiben Sie die oben liegende Seite damit ein.

Drehen Sie es um und wiederholen Sie diesen Prozess, bis das *Paratha* schön knusprig ist.

Legen Sie eine Auflaufform mit Papierservietten aus und halten Sie die *Parathas* darin warm.

Fahren Sie fort, bis alle *Parathas* fertig sind.

Vorbereitungszeit: 35 Minuten

Garzeit: 5 Minuten für 5 P*arathas* / 1 Minute pro P*aratha*

Gesamtdauer: 40 Minuten

Mattar Bhara Paratha (Parathas, gefüllt mit grünen Erbsen)

Zutaten:

Für das Paratha:

Weizen-Vollkornmehl - 3 Tassen (ausreichend für 5 *Parathas*)

Salz - 1/2 Teelöffel

Speiseöl - 1 Esslöffel

Lauwarmes Wasser - 1 Tasse

Speiseöl oder Butterschmalz (*Ghee*) zum Anrösten der *Parathas*; Sie sollten *Ghee* für einen authentischen Geschmack vorziehen.

Für die Füllung:

Frische grüne Erbsen - 1/2 Tasse

Speiseöl- 1 Teelöffel

Kreuzkümmelsamen - 1/2 Teelöffel

Fein gewürfelter Ingwer - 1/2 Teelöffel

Garam Masala-Pulver - 1/4 Teelöffel

Tipp: Falls Sie im indischen Laden keine fertige G*aram Masala*-Mischung bekommen, können Sie sie leicht selbst herstellen. Dazu zerstoßen Sie schwarzen Kardamom - 1

Kapsel, grünen Kardamom - 3 Kapseln, 4 Nelken sowie ein Stück Zimtstange (2-3 cm) und mischen alles zusammen.

Rotes Chilipulver - 1/4 Teelöffel

Salz nach Geschmack

Zubereitung:

Vermischen Sie das Weizenmehl, Salz und einen Esslöffel Speiseöl in einer Rührschüssel.

Nun stellen Sie unter Zugabe von Wasser einen festen Teig her.

Abdecken und 1/2 Stunde beiseite stellen.

Währenddessen geben Sie das Speiseöl in einen Wok und stellen ihn auf den Herd.

Sobald das Öl heiß wird, fügen Sie den Kreuzkümmel hinzu.

Lassen Sie ihn für ein paar Sekunden anbrutzeln. Bitte achten Sie darauf, dass der Kreuzkümmel nur bräunt und nicht anbrennt. Jetzt den gewürfelten Ingwer und die grünen Erbsen ohne Wasser dazugeben.

Reduzieren Sie die Wärmezufuhr/Flamme auf ein Minimum und geben Sie Salz, *Garam Masala* und rotes Chilipulver hinzu.

Den Wok abdecken und die Erbsen 3 Minuten kochen, bis sie weich, aber nicht verkocht sind. Ansonsten werden sie matschig und eignen sich nicht für die Füllung.

Stellen Sie den Herd aus und verarbeiten Sie die Erbsen in einem Mixer zu einem feinen Brei.

Nun nehmen Sie ein walnussgroßes Teigstück und formen es zu einer Kugel.

Drücken Sie es platt, bis es die Form einer Frikadelle aufweist.

Geben Sie einen Esslöffel der Erbsenmischung auf die Mitte der Frikadelle.

Schließen Sie diese von allen Seiten, sodass sich die Mischung in der Mitte befindet und rundherum mit Teig bedeckt ist.

Formen Sie das Ganze nun wiederum vorsichtig mit Ihren Händen zu einer Kugel und bestäuben Sie sie mit Mehl.

Diese rollen Sie dann mit einer Teigrolle leicht aus, bis sie schön rund und flach ist.

Bitte achten Sie beim Ausrollen darauf, dass die Erbsen mit Teig bedeckt bleiben.

Stellen Sie eine gusseiserne Pfanne auf Ihren Herd.

Geben Sie sofort, wenn die Pfanne heiß wird, das *Paratha* hinein.

Reduzieren Sie die Wärmezufuhr/Flamme auf mittlere Hitze und lassen Sie das *Paratha* auf einer Seite backen.

Drehen Sie es um und backen Sie es auf der anderen Seite.

Nehmen Sie einen Teelöffel Öl/*Ghee* und reiben Sie die oben liegende Seite damit ein.

Drehen Sie es um und wiederholen Sie diesen Prozess, bis das *Paratha* schön knusprig ist.

Legen Sie eine Auflaufform mit Papierservietten aus und halten Sie die *Parathas* darin warm.

Fahren Sie fort, bis alle *Parathas* fertig sind.

Vorbereitungszeit: 35 Minuten

Garzeit: 5 Minuten für 5 *Parathas* / 1 Minute pro *Paratha*

Gesamtdauer: 40 Minuten

Sattu Bhara Paratha (Paratha, gefüllt mit geröstetem Kichererbsenmehl)

Zutaten:

Für das Paratha:

Weizen-Vollkornmehl - 3 Tassen (ausreichend für 5 *Parathas*)

Salz - 1/2 Teelöffel

Speiseöl - 1 Esslöffel

Lauwarmes Wasser - 1 Tasse

Speiseöl oder Butterschmalz (*Ghee*) zum Anrösten der *Parathas*; *Ghee sollten Sie für einen* authentischen Geschmack vorziehen.

Für die Füllung:

Sattu (geröstetes Kichererbsenmehl) - 1/2 Tasse

Fein gewürfelte Zwiebel - 1

Frische gehackte Korianderblätter - 1 kleiner Bund

Fein gewürfelte, entkernte Chilischote, grün - 1

Ajowan (Königskümmel oder Caromsamen) - 1/4 Teelöffel

Mangrela (schwarzer Zwiebelsamen) - 1/4 Teelöffel

Zitronensaft - 1 Teelöffel

Speiseöl - 1 Esslöffel

Salz nach Geschmack

Wasser - 1 Esslöffel

Zubereitung:

Vermischen Sie das Weizenmehl, Salz und einen Esslöffel Speiseöl in einer Rührschüssel.

Nun stellen Sie unter Zugabe von Wasser einen festen Teig her.

Abdecken und 1/2 Stunde beiseite stellen.

Währenddessen geben Sie das Speiseöl in einen Wok und stellen ihn auf den Herd.

In der Zwischenzeit vermischen Sie das *Sattu* mit allen weiteren oben erwähnten Zutaten. Diese Mischung lässt sich trotz der trockenen Konsistenz durch Zusammendrücken zu Bällchen formen.

Nun nehmen Sie ein walnussgroßes Teigstück und formen es zu einer Kugel.

Drücken Sie es platt, bis es die Form einer Frikadelle aufweist und geben Sie ein kleines Bällchen der *Sattu-Mischung* darauf.

Schließen Sie die Frikadellen von allen Seiten, sodass sich die Mischung in der Mitte befindet und rundherum mit Teig bedeckt ist.

Formen Sie das Ganze nun wiederum vorsichtig mit Ihren Händen zu einer Kugel und bestäuben Sie sie mit Mehl.

Diese rollen Sie dann mit einer Teigrolle leicht aus, bis sie schön rund und flach ist.

Bitte achten Sie beim Ausrollen darauf, dass die *Sattu*-Mischung mit Teig bedeckt bleibt.

Stellen Sie eine gusseiserne Pfanne auf Ihren Herd.

Geben Sie sofort, wenn Sie Pfanne heiß wird, das *Paratha* hinein.

Reduzieren Sie die Wärmezufuhr /Flamme auf mittlere Hitze und lassen Sie das *Paratha* auf einer Seite backen.

Drehen Sie es um und backen Sie es auf der anderen Seite.

Nehmen Sie einen Teelöffel Öl/*Ghee* und reiben Sie die oben liegende Seite damit ein.

Drehen Sie es um und wiederholen Sie diesen Prozess bis das *Paratha* schön knusprig ist.

Legen Sie eine Auflaufform mit Papierservietten aus und halten Sie die *Parathas* darin warm.

Fahren Sie fort, bis alle *Parathas* fertig sind.

Vorbereitungszeit: 35 Minuten

Garzeit: 5 Minuten für 5 *Parathas* / 1 Minute pro *Paratha*

Gesamtdauer: 40 Minuten

Kapitel 6: Desserts aus Hülsenfrüchten

NUN KOMMEN WIR zur einzigartigen indischen Tradition der Verwendung von Hülsenfrüchten in Desserts. Die nachfolgenden fünf herausragenden Gerichte können Sie leicht selber im Handumdrehen zubereiten.

Besan Halwa (Dessert aus Kichererbsenmehl)

Dieses Dessert ist buchstäblich den Göttern würdig. Es wird sehr häufig in Tempeln oder zu Hause anlässlich religiöser Feste gereicht.

Zutaten:

Kichererbsenmehl (*Besan*) - 1 Tasse

Zucker - 1/2 Tasse

Butterschmalz (*Ghee*) - 1/4 Tasse

Milch - 1 Tasse

Safranfäden - ca. 10 Stück, in Milch aufgelöst

Grüne Kardamomkapseln - 2, zerkleinert

Cashewkerne - 25 Gramm (1 1/2 Esslöffel)

Rosinen - 25 Gramm (1 1/2 Esslöffel)

Zubereitung:

Geben Sie das Butterschmalz in einen Wok und stellen Sie ihn auf den Herd.

Während des Erhitzens fügen Sie das *Besan* (Kichererbsenmehl) sowie die Cashewkerne hinzu und lassen alles unter Rühren leicht braun werden, bis ein herrlicher Duft ausströmt.

Das Mehl bitte nicht anbrennen lassen.

Nun fügen Sie den Zucker, die Milch mit dem Safran, das Kardamom und die Rosinen hinzu.

Gut verrühren, bis das Dessert *(Halwa)* dicklich wird.

Das war's.

Ihr *Besan Halwa* ist fertig.

Vorbereitungszeit: 5 Minuten

Garzeit: 7 Minuten

Gesamtdauer: 12 Minuten

Boondi

Zutaten:

Kichererbsenmehl - 1 Tasse

Reismehl - 2 Esslöffel

Grüne Kardamomkapseln - 5

Backpulver - ½ Teelöffel

Safranfäden - ca. 10 Stück, in Wasser aufgelöst

Zucker - 1 Tasse

Wasser- 1½ Tasse; ½ Tasse für den Teig aus Kichererbsenmehl und 1 Tasse für die Zubereitung des Zuckersirups

Ghee (Butterschmalz) - 1 Tasse

Zubereitung:

Verquirlen Sie das Kichererbsenmehl, das Reismehl, Backpulver und 1/2 Tasse Wasser in einer Schüssel, bis die Masse eine fließfähige Konsistenz aufweist.

Falls der Teig zu trocken ist, können Sie ein wenig Wasser zugeben und ihn dann eine Weile stehen lassen.

Stellen Sie währenddessen den Zuckersirup her.

Geben Sie den Zucker, Wasser, die ganzen Kardamomkapseln und den aufgelösten Safran in ein Kochgefäß.

Stellen Sie es auf Ihren Herd und bringen Sie die Zuckermischung zum Kochen.

Reduzieren Sie die Wärmezufuhr und lassen Sie sie weitere 5 Minuten köcheln, bevor Sie den Herd ausstellen.

Geben Sie das *Ghee* in einen kleinen Wok und erhitzen Sie es.

Nehmen Sie nun eine Schaumkelle und lassen Sie den Kichererbsen-Teig durch vorsichtiges Schütteln durch die Löcher in das *Ghee* fließen. Dadurch wird erreicht, dass der Teig in kleinen Tropfen auf das Fett trifft.

Braten Sie die Tropfen in Portionen, bis sie eine goldbraune Farbe annehmen. Nehmen Sie sie dann aus dem *Ghee* und geben Sie sie in das Gefäß mit dem Zuckersirup.

Verfahren Sie in gleicher Weise mit dem restlichen Teig.

Das war's. Ihr *Süßer Boondi* ist fertig.

Heiß oder bei Raumtemperatur servieren.

Vorbereitungszeit: 15 Minuten

Garzeit: 20 Minuten

Gesamtdauer: 35 Minuten

Motichoor Laddoo

Zutaten:

Kichererbsenmehl - 1 Tasse

Grüne Kardamomkapseln - 5

Backpulver - ½ Teelöffel

Safranfäden - ca. 10 Stück, in Wasser aufgelöst

Zucker - 1 Tasse

Wasser- 1½ Tasse; ½ Tasse für den Teig aus Kichererbsenmehl und 1 Tasse für die Zubereitung des Zuckersirups

Ghee (Butterschmalz) - 1 Tasse

Zubereitung:

Verquirlen Sie das Kichererbsenmehl, das Backpulver und 1/2 Tasse Wasser in einer Schüssel, bis die Masse eine fließfähige Konstistenz aufweist.

Falls der Teig zu trocken ist, können Sie ein wenig Wasser zugeben und ihn dann eine Weile stehen lassen.

Bereiten Sie währenddessen den Zuckersirup zu.

Geben Sie Zucker, Wasser, die ganzen Kardamomkapseln und den aufgelösten Safran in ein Kochgefäß.

Stellen Sie es auf Ihren Herd und bringen Sie die Zuckermischung zum Kochen.

Reduzieren Sie die Wäremezufuhr und lassen Sie sie weitere 5 Minuten köcheln, bevor Sie den Herd ausstellen.

Geben Sie das *Ghee* in einen kleinen Wok und erhitzen Sie es.

Nehmen Sie nun eine Schaumkelle und lassen Sie den Kichererbsen-Teig durch vorsichtiges Schütteln durch die Löcher in das *Ghee* fließen. Dadurch wird erreicht, dass der Teig in kleinen Tropfen auf das Fett trifft.

Braten Sie die Tropfen in Portionen, bis sie eine goldbraune Farbe annehmen. Nehmen Sie sie dann aus dem Ghee und geben Sie sie in das Gefäß mit dem Zuckersirup.

Verfahren Sie in gleicher Weise mit dem restlichen Teig.

Nehmen Sie die Kichererbsen-Tropfen aus dem Zuckersirup und zerkleinern Sie sie gut in einem Mixgerät.

Formen Sie mit Ihren Händen walnussgroße Bällchen aus dem zerkleinerten *Boondi* und servieren Sie sie auf einer Platte.

Ihre *Motichoor Laddoos* sind fertig.

Vorbereitungszeit: 15 Minuten

Garzeit: 20 Minuten

Zubereitungszeit - *Laddoo*: 10 Minuten

Gesamtdauer: 45 Minuten

Moong Dal Halwa (Dessert aus gespaltenen Bengal Gram-Kichererbsen)

Zutaten:

Gespaltene Bengal Gram (*Dhuli Moong Dal*) - ½ Tasse (gewaschen und mind. 4 Stunden in Wasser eingeweicht)

Zucker - 1/2 Tasse

Butterschmalz (*Ghee)* - 1/4 Tasse

Milch - 2 Tassen

Safranfäden - ca. 10 Stück, in Milch aufgelöst

Grüne Kardamomkapseln - 2, zerkleinert

Cashewkerne - 25 Gramm (1 1/2 Esslöffel)

Rosinen - 25 Gramm (1 1/2 Esslöffel)

Zubereitung:

Geben Sie das Butterschmalz in einen Wok und stellen Sie ihn auf den Herd.

Sobald das Butterschmalz heiß wird, fügen Sie die eingeweichten gespaltenen Bengal Gram (*Dhuli Moong Dal*) hinzu und lassen Sie die Masse unter Rühren leicht anbräunen, bis sie einen herrlichen Duft verströmt.

Den Zucker, die Milch mit dem Safran, Kardamom, Cashewkerne und Rosinen dazu geben.

Wiederum gut rühren bis das Dessert (*Halwa)* andickt.

Das war's.

Ihr (*Moong Dal*) *Halwa* aus gespaltenen Bengal Gram-Kichererbsen ist fertig.

Vorbereitungszeit: 5 Minuten (zzgl. 4 Stunden Einweichzeit)

Garzeit: 15 Minuten

Gesamtdauer: 20 Minuten

Besan Laddoos (süße Bällchen aus Kichererbsenmehl)

Zutaten:

Kichererbsenmehl (*Besan*) - 1 Tasse

Zucker (fein) - 1 Tasse

Butterschmalz (*Ghee*), geschmolzen - 1 Tasse

Grüne Kardamomkapseln - 2, zerkleinert

Zubereitung:

Geben Sie das Kichererbsenmehl (*Besan*) in einen Wok und stellen Sie ihn auf den Herd.

Lassen Sie es unter Rühren leicht anbräunen, bis es seinen herrlichen Duft verströmt.

Bitte achten Sie darauf, dass das Mehl nicht anbrennt!

Stellen Sie den Herd aus und geben Sie dann das Kichererbsenmehl (*Besan*) in eine Schüssel. Das Butterschmalz (*Ghee*), Zucker und den zerkleinerten grünen Kardamom hinzufügen und gut vermischen. Formen Sie mit Ihren Händen walnussgroße Bällchen aus dieser Mischung und servieren Sie sie auf einer Platte.

Das war's.

Ihre *Besan Laddoos* sind fertig.

Vorbereitungszeit: 5 Minuten

Garzeit: 7 Minuten

Gesamtdauer: 12 Minuten

ANHANG

Sorten von Hülsenfrüchten, die in Indien oft verwendet werden.

Chana Dal: Bengal Gram (Kichererbsen), geschält

Masoor Dal: Gespaltene rote Linsen, geschält

Kabuli Chana: Ganze Kichererbsen

Rajma: Rote Kidneybohnen

Schwarzes Masoor: Ganze Linsen, die als grüne oder braune Linsen im Handel sind. Die Samenschale ist von grünbrauner Farbe.

Arhar Dal: Auch bekannt als *Toor Dal*, rote *Gram Dal* oder gespaltene Straucherbsen.

Dhuli Moong: Blassgelbe Mungobohnen, gespalten und geschält.

Urad Dal: Schwarze Mungobohnen, gespalten und geschält.

Ganze Urad Dal: Ganze schwarze Mungobohnen mit Haut.

Besan: Kichererbsenmehl

Kontaktieren Sie den Autor

Sie können mir jederzeit unter ciaj@cookinginajiffy.com eine Nachricht senden.

Auch würde ich mich sehr gerne mit Ihnen auf den folgenden Social Media-Seiten verbinden:

Facebook:

https://www.facebook.com/cookinginajiffy

Twitter:

https://twitter.com/CookinginaJiffy

Goodreads:

https://www.goodreads.com/prasenjeet

Google Plus:

https://www.google.com/+PrasenjeetKumarAuthor

Übersetzung ins Deutsche: Andrea Lenz, Unna für Vixana Translation Services

Über den Autor

Prasenjeet Kumar ist ein Absolvent der Rechtswissenschaften des University College London (2005-2008) der Londoner Universität und schloss ein Philosophie-Studium am St. Stephen's College (2002-2005) der Universität Delhi mit Auszeichnung ab. Zusätzlich erhielt er ein Diplom nach einem praxisbezogenen Jurastudium -Legal Practise Course (LPC)- am College of Law in Bloomsbury, London.

Prasenjeet liebt gutes Essen, Musik, Filme, Golf und Reisen. Folgende sechzehn Länder hat er bereits besucht: Kanada, China, Dänemark, Dubai, Deutschland, Hong Kong, Indonesien, Macao, Malaysia, Schardscha, Schweden, die Schweiz, Thailand, UK, Usbekistan und die USA.

Prasenjeet ist ein selbst ernannter Designer, Schriftsteller, Editor und stolzer Inhaber der Website www.cookinginajiffy.com, die er seiner Mutter gewidmet hat. Weiterhin betreibt er die Website www.publishwithprasen.com. Hier erteilt er Ratschläge über das Schreiben und Eigenveröffentlichungen.

9 788197 187919

Printed at Repro India Ltd.